Der Goldschatz von Aržan

Abb. 1 Zwei Bronzekessel, die zwischen Grabkammer und Schachtwand der Fürstenbestattung gefunden wurden

Konstantin V. Čugunov
Hermann Parzinger
Anatoli Nagler

Der Goldschatz von Aržan

Ein Fürstengrab der Skythenzeit
in der südsibirischen Steppe

Herausgegeben von
Hermann Parzinger

Mit Photographien von
Vladimir Terebenin

Schirmer/Mosel

Essay
Hermann Parzinger

Tafeln

Anhang

Die Skythen. Eine Einführung in Geschichte und Kultur

Schon früh wurde die archäologische Forschung auf Denkmäler aufmerksam, die die Existenz eines vor über 2500 Jahren in den Steppen nördlich des Schwarzen Meeres lebenden Nomadenvolkes belegten. Dabei handelt es sich um mächtige Grabhügel, die man in der eurasischen Steppe Kurgane nennt. Unter diesen monumentalen Grabanlagen stieß man auf Bestattungen aus dem 7. bis 3. Jahrhundert v.Chr., die sagenhafte Reichtümer aus Gold erbrachten.

Die Griechen sind es, die uns Näheres über dieses Steppenvolk berichten, das sie Skythen nennen. Von Milet im westlichen Kleinasien aus gründen griechische Kolonisten ab dem frühen 7. Jahrhundert v.Chr. Niederlassungen an der Nordküste des Schwarzen Meeres. Damit werden sie zu Nachbarn der Reiternomaden in der nordpontischen Steppe. Die Kontakte der Griechen mit den Bewohnern dieser nördlichen Gebiete reichen aber noch viel weiter zurück, wie uns die Argonautensage lehrt. Danach segelten griechische Helden unter der Führung des Jason auf einem Schiff namens Argo über das Schwarze Meer nach Osten, um dort das Goldene Vlies zu holen. Der historische Kern dieser Sage dürfte in den Fahrten griechischer Händler und Piraten entlang der Küsten des Schwarzen Meeres zu suchen sein, die sicher bis in mykenische Zeit im 2. Jahrtausend v.Chr. zurückreichen.

Auch Homer erzählt in seiner Ilias von einem Volk in den Steppengebieten nördlich des Schwarzen Meeres, das eigenartige Gebräuche pflegt und dessen Angehörige er „Stutenmelker und Milchesser" nennt. Die Überlieferung des griechischen Geschichtsschreibers Herodot, der seine Aufzeichnungen im 5. Jahrhundert v. Chr. verfaßt, bringt diese Stutenmelker schließlich ausdrücklich mit den Skythen in Verbindung. An verschiedenen Stellen seines Werkes über die Perserkriege, besonders aber in Buch IV im Zusammenhang mit dem Feldzug des Perserkönigs Dareios 515/514 v.Chr. nach Skythien, geht er auf die Geographie und Grenzen des Landes, auf den Ursprung der Skythen sowie auf ihre Sitten, Gesellschaftsstruktur und Religion ein.

Das Leben der Skythen in der Steppe war auf Mobilität ausgerichtet, weil die Weidegründe ihrer Herden, die die Grundlage von Wohlstand und Reichtum darstellten, periodisch verlagert und dabei auch immer wieder gegen andere Nomadengruppen verteidigt werden mußten. Dies führte zu einer zunehmenden Schichtung und Militarisierung der Gesellschaft, in der den Reiterkriegern herausragende Bedeutung zukam. Die mobile Lebensform illustrieren Wohnwagen, von denen Herodot berichtet. Daneben ist mit zelt- und jurtenartigen Konstruktionen zu rechnen, die leicht auf- und abzubauen und einfach zu transportieren sind, sich im archäologischen Fundbild Jahrtausende später aber kaum mehr nachweisen lassen.

Daneben bestanden aber auch weitläufige Wallburgen der Skythen, die auf Seßhaftigkeit, Handwerk und sogar Ackerbau hinweisen. Die meisten von ihnen lagen entweder im Bereich der Küste – und dabei oft nahe den griechischen Niederlassungen – oder weiter nördlich in der Waldsteppe. Die Stadt Gelonos, deren Stadtmauer nach Herodot allein über 5 km lang gewesen sein soll, zählte dabei zu den wichtigsten. Gelonos wird heute mit der Wallburg von Bel'sk identifiziert, die trotz langjähriger Bemühungen noch immer nicht ansatzweise erforscht ist – zu weitläufig ist das Areal dieses schier endlos großen Platzes. Und dennoch wäre es von zentraler Bedeutung, mehr über den Aufbau, die Organisation und die Entwicklung eines solchen Ortes zu wissen.

Das Totenritual der Skythen ist dagegen erheblich besser bekannt. Die Grabstätten hatten für sie besondere Bedeutung, vor allem, wenn es sich um solche der Führungsschicht handelte. Welchen Stellenwert die Skythen den Gräbern beimaßen, verdeutlicht eine Episode bei Herodot, die im Zusammenhang mit dem Zug des Dareios steht. Als der Perserkönig nämlich von der unteren Donau aus in das skythische Gebiet eindrang, zog sich das skythische Heer – das Land verwüstend und jeder Schlacht ausweichend – ständig zurück und zwang den Gegner dadurch zu ermüdender Verfolgung. Der Skythenkönig Idanthyrsos ließ wissen, daß er erst dann zum Kampf bereit sei, wenn sich die Perser den Grabstätten der Väter nähern

Abb. 2 Aržan, eine Steinplattform zwischen den Kurganen 1 und 2, von Südosten gesehen

Abb. 3 Blick auf den Kurgan Aržan 2 und die ihn umgebenden Steinkreise

würden und diese zu zerstören drohten. Die Königsgrüfte der Skythen lagen nach Herodot in der vom Borysthenes durchflossenen Landschaft Gerrhos. Es besteht kein Zweifel, daß damit die Region am unteren Djnepr gemeint war. Und in der Tat sind von dort die meisten monumentalen skythischen Königskurgane mit überaus reich ausgestatteten Grablegen bekannt.

Die Archäologie konnte seit dem 19. Jahrhundert etliche dieser Großgrabhügel untersuchen. Auf die dabei gemachten Funde gründet sich in der Folgezeit der sagenhafte Goldreichtum skythischer Königsgräber. Zwar entrissen die nahezu regelhaft und zu den unterschiedlichen Zeiten vorkommenden Grabplünderungen der Nachwelt den größten Teil dieser Schätze, doch immer wieder finden sich nur teilweise gestörte oder von den Grabräubern sogar gänzlich übersehene Bestattungen, die uns einen Eindruck von der Prunksucht der skythischen Oberschicht vermitteln. Die Kurgangrüfte von Čertomlyk, Solocha, Ryžanovka, Tolstaja Mogila und vielen anderen Orten zeigen Verstorbene, deren Totengewand über und über mit unzähligen aufgenähten Goldblechen verziert war. Bei den Frauen wiesen auch Schleier und Hauben solchen Goldschmuck auf. Diese aus dünner Goldfolie gepreßten Schmuckbleche waren stets figural verziert, und zwar überwiegend mit Elementen des skythischen Tierstils, aber auch mit griechisch beeinflußten Motiven bis hin zu Szenen der griechischen Mythologie, was gelegentlich zu der Vermutung Anlaß bot, diese vorzüglich gearbeiteten Stücke wären von griechischen Meistern im Auftrag skythischer Fürsten hergestellt worden. Entsprechendes gilt für aus Goldblech gearbeitete Köcher, Dolchgriffe und zugehörige Scheiden, Zierscheiben von hölzernen Schilden, Zeptergriffe u. v. m. Aus massivem Gold bestanden vielfach Halsringe, Pektorale und Armreifen. Sie alle hatten symbolische Bedeutung, brachten sie doch den Status der bestatteten Person zum Ausdruck, und zwar sowohl im Leben als auch im Reich der Toten. Nicht selten vervollständigten Edelmetallgefäße, gegossene Bronzekessel, griechisches Trinkgeschirr und Weinamphoren das Inventar dieser Gräber.

Das Totenritual der Skythen beschreibt Herodot sehr ausführlich, wobei er jedoch erstaunlicherweise Goldreichtum und prunkvolle Grabausstattungen kaum erwähnt. Statt dessen liefert er aber viele andere wichtige Hinweise, die uns archäologische Entdeckungen nicht nur im skythischen Kerngebiet der Nordschwarzmeersteppen, sondern auch in weiter östlich gelegenen Gebieten verständlich machen. War ein skythischer König gestorben, so Herodot, dann bestattete man ihn in einer großen viereckigen Grube, befreite den Körper von Gedärmen, füllte ihn mit duftenden Kräutern und rieb ihn anschließend mit Wachs ein. In Kurganen der Permafrostzone des Altai-Gebirges erhaltene Eismumien lieferten später den archäologischen Beweis für dieses Ritual. Herodots Schilderungen lassen zudem keinen Zweifel daran, daß einem skythischen König auch seine Frau, sein Mundschenk, sein Koch, sein Pferdeknecht, sein Leibdiener und ein Bote sowie ausgewählte Pferde und gelegentlich sogar Vieh ins Grab zu folgen hatten; sie alle wurden erwürgt oder erschlagen. Auch davon legen archäologische Ausgrabungen in vielen Teilen der eurasischen Steppe eindringlich Zeugnis ab.

Diese prunkvollen und zugleich monumentalen Grabmäler der skythischen Führungsschicht in den Steppen nördlich des Schwarzen Meeres sind ein wesentliches Kennzeichen ihrer Kultur. Sie belegen die Existenz kriegerisch geprägter und äußerst wohlhabender Eliten, für deren Leben nach dem Tod die ihnen verpflichtete Gemeinschaft beachtliche Leistungen vollbrachte. Das Erstaunlichste dabei ist jedoch, daß sich in der den Skythen unmittelbar vorangehenden Bronzezeit noch keine Anzeichen für eine derartige soziale Schichtung finden lassen. Sie muß sich demnach vergleichsweise schnell und plötzlich vollzogen haben. Vielleicht liegen die Ursprünge und Vorbilder für diese Gesellschaftsform ja auch außerhalb des skythischen Kerngebiets im Nordschwarzmeerraum? Der mit den Skythen und besonders mit ihrer Führungsschicht so eng verbundene Tierstil ist jedenfalls gewiß nicht am unteren Djnepr entstanden, sondern geht auf östliche, südsibirische Wurzeln zurück. Auch die Anfänge des für die Skythen so charakteristischen Reiternomadentums, dieser in der Steppe ab dem frühen 1. Jahrtausend v.Chr. vollkommen neuen

Lebens- und Wirtschaftsform, sind dort zu suchen.

Und wieder lohnt es sich, bei Herodot nachzulesen. Nach seiner Überlieferung stammten die Skythen ursprünglich aus einem Gebiet weit östlich des Nordschwarzmeerraumes. Dort, vermutlich irgendwo im südlichen Sibirien, hätten die Arimaspen die Issedonen, diese die Skythen und letztere wiederum die Kimmerier vertrieben. Die Kimmerier wären dabei in den nordpontischen Steppenraum gelangt, den kurz darauf auch die sie verfolgenden Skythen erreicht hätten. Doch auch in späterer Zeit verloren die Skythen die Verbindung zu jenen östlichen Regionen offenbar nie gänzlich, denn Herodot weiß zu berichten, daß sie immer wieder Reisen zu den dort lebenden Argippäern unternommen hätten, was zeigt, wie intensiv die Kontakte innerhalb des Steppenraumes in westöstlicher und umgekehrter Richtung gewesen sein müssen.

Frühe Reiternomaden in Mittelasien und Südsibirien

Die Angaben antiker Autoren zu den Völkerschaften der sibirisch-mittelasiatischen Steppen und ihren Gewohnheiten sind nicht annähernd so verläßlich wie die zu den nordpontischen Skythen. So träfe man nach dem Durchqueren endlos weiter Steppengebiete, womit nur die zentralkasachische Hungersteppe gemeint sein kann, am Fuße hoher Berge – vielleicht dem Altai (?) – das Volk der Argippäer, für die Kahlköpfigkeit und eingedrückte Nasen typisch seien, möglicherweise ein Hinweis auf eine bereits überwiegend mongolide Bevölkerung. Während ihre Tracht, bestehend aus gegürtetem Ärmelrock mit Kapuze, langer Hose und Stiefeln, der skythischen glich, konnten diese sich mit den Argippäern nur mit Hilfe eines Dolmetschers verständigen, was für die Zugehörigkeit zu einer anderen Volksgruppe spricht. Den etwas südlich anzusiedelnden Issedonen, die vermutlich am Jaxartes, dem heutigen Syr-Dar'ja, lebten, wurde dagegen gelegentlicher Kannibalismus sowie ein ausgeprägter Schädelkult nachgesagt. Und die ihnen benachbarten Arimaspen galten sogar als einäugig.

Die Überlieferung wird also nicht nur immer vager, je weiter man nach Osten kommt, sondern nimmt teilweise Züge ausgeprägter Phantasterei an. Noch weiter östlich von all den genannten Stämmen wohnten schließlich die mit den einäugigen Arimaspen regelmäßig im Kampf stehenden goldbehütenden Greifen, ehe – bereits in der Nähe des Nordmeeres – die Hyperboreer folgten. Sollte mit den goldbehütenden Greifen tatsächlich ein Volksstamm in Südsibirien gemeint sein, so könnte hinter dem „Greifen" vielleicht ein Stammesabzeichen stehen, denn der Greif spielt im eurasischen Tierstil jener Zeit eine wichtige Rolle. Sicher ist es kein Zufall, daß wir mit den goldbehütenden Greifen im Osten aller anderen bisher genannten Stammesgruppierungen bereits in ein Gebiet gelangen, das sich mit der Region am oberen Ob und Bergaltai decken könnte. Diese Landschaft ist in der Tat sehr reich an Goldvorkommen, und vielleicht war es

Abb. 4 Steinkreise im Umfeld des Kurgans Aržan 2

Abb. 5 Steinkreis mit Brandschicht, im Vordergrund das Fragment eines Hirschsteins

Abb. 6 Eine Steinplatte mit Hirschdarstellung, gefunden am Ostrand des Kurgans

jener Erzreichtum, der das Interesse von Griechen wie Skythen auf dieses ferne Gebiet richtete.

Was sich dort im Osten während des 1. Jahrtausends v. Chr. jedoch tatsächlich abspielte, lassen die Schriftquellen im dunkeln. Den archäologischen Entdeckungen kommt deshalb bei der Rekonstruktion der Geschichte der frühen Reiternomaden in Sibirien eine ungleich wichtigere Rolle zu. All das, was die skythische Kultur im Nordschwarzmeerraum charakterisiert, finden wir auch dort: die reiternomadische Lebens- und Wirtschaftsform, den Tierstil und die in der Errichtung monumentaler Großkurgane zum Ausdruck kommende gesellschaftliche Differenzierung mit einer kriegerisch geprägten Führungsschicht an der Spitze. Was allerdings fehlte, war der sagenhafte Goldreichtum der skythischen Königsgräber in der nordpontischen Steppe, obwohl der Rohstoff Gold in Südsibirien in erheblich größerem Ausmaß vorhanden ist und die Kenntnis der Erzgewinnung und Metallverarbeitung dort über eine lange, bis ins 3. Jahrtausend v. Chr. zurückreichende Tradition verfügt. Es muß also andere Gründe dafür gegeben haben.

Monumentale Großkurgane der Führungsschicht sind aus dem gesamten eurasischen Steppenraum von Südsibirien bis zum Nordschwarzmeerraum bekannt. Wir kennen sie aus der von Maioten bewohnten Kuban-Region im nordwestlichen Kaukasus-Vorland (Kurgane von Kelermes, Uljap, Kostromskaja stanica usw.) wie auch aus dem sauromatischen Gebiet an der unteren Wolga und südlich des Ural-Gebirges (Grabhügel von Filippovka u. a.). Zwar waren sie in der Regel stark beraubt, aber dennoch lieferten sie etliche Goldarbeiten von beachtlicher Kunstfertigkeit, wenngleich sie hinsichtlich Quantität und auch Qualität letztlich deutlich hinter den skythischen Königskurganen am unteren Djnepr zurückblieben.

Östlich des Urals, im sibirisch-kasachischen Steppenraum, fehlten reiche Grablegen scheinbar vollständig, obwohl es zahlreiche riesige Großkurgane gab. Wie die nordpontischen waren auch sie stark beraubt, schon im Altertum und dann wieder verstärkt ab dem 18. Jahrhundert bis in unsere Tage. Vieles an Erkenntnis ging dadurch unwiederbringlich verloren, und kaum ein ungestörtes Fürstengrab konnte von den Archäologen freigelegt werden. Ostwärts des Ural-Gebirges kam nur noch einmal sagenhafter Goldreichtum zutage, und zwar bei der Aufdeckung eines ins 6./5. Jahrhundert v. Chr. zu datierenden Nebengrabes im Kurgan von Issyk im Siebenstromland, unweit der früheren Hauptstadt Alma-Ata im Südosten Kasachstans: Kopfputz, Kleidung und Bewaffnung des sog. Goldenen Mannes von Issyk waren mit unzähligen Goldblechen verziert, hinzu kamen Silbergefäße und etliches mehr. Dennoch lag diese Region weit südlich des eigentlichen eurasischen Steppengürtels, im Siedlungsgebiet der mittelasiatischen Saken. Die Saken unterhielten Handelsverbindungen in benachbarte Teile Nordwestchinas und standen ferner in engem Kontakt mit dem persischen Achämenidenreich, in dessen Abhängigkeit sie teilweise gerieten, ohne allerdings endgültig einverleibt zu werden. Auf jeden Fall aber erfuhren die Kulturverhältnisse in den sakischen Gebieten dadurch eine teilweise andere Prägung, auch wenn die Saken ihre reiternomadischen Wurzeln und Gewohnheiten nie ganz aufgegeben hatten.

Kehren wir nach Norden in die verschiedenen Landschaften Südsibiriens zurück, so können wir dem Goldreichtum skythischer und sakischer Königsgräber im Westen und im Süden der eurasischen Steppe nichts Vergleichbares zur Seite stellen, und das, obwohl zwischen Ob und Jenissei fast 300 Jahre hindurch Ausgrabungen in Kurganen durchgeführt wurden. Was anfangs nur Vermutung war, schien deshalb allmählich zur Gewißheit zu werden: Reiternomadische Fürstengräber in Südsibirien aus der Zeit zwischen 800 und 200 v. Chr. hätten eben keine sagenhaft reichen Ausstattungen mit Goldobjekten erhalten, wie sie von Skythen und Saken bekannt waren. Da der Rohstoff Gold in den Südsibirien begrenzenden Randgebirgen Altai und Sajan aber in ungleich größerem Ausmaß anstand als weiter im Westen, was sich sogar im Mythos von den goldbehütenden Greifen niederschlug, meinte man, das Fehlen von Gold in den sibirischen Prunkgräbern nur mit völlig unterschiedlichen Bestattungs- und Beigabensitten und vielleicht auch teilweise abweichenden Jenseitsvorstellungen erklären zu können.

Daß es nämlich auch in Südsibirien Fürstengräber gab, unterstrichen die Großkurgane der Pazyryk-Kultur im Altai-Gebirge. In sorgfältig gezimmerten Grabkammern unter mächtigen Steinhügeln sammelte sich dort Sickerwasser, das bald nach der Bestattung zu einem großen Eisblock gefror, der nicht nur den einbalsamierten Leichnam mumifizierte, sondern auch sämtliche Beigaben aus organischem Material erhielt: Bekleidung, Schuhe, Teppiche, Satteldecken, Holzschnitzereien u. v. m. Erstmals ließ sich feststellen, daß die erhaltenen Körper der Verstorbenen mit Tierstilmotiven tätowiert waren. In einem Fall stellte man sogar fest, daß der Tote skalpiert wurde, was möglicherweise darauf hinweist, daß er im Kampf gefallen war; bei den Skythen nämlich war die Sitte, getötete Gegner zu skalpieren, weit verbreitet. Offenbar gelang es aber, den Leichnam zurückzugewinnen, wobei man vor der Beisetzung die auf den unrühmlichen Umstand seines Todes hinweisende Skalplücke mit einer fremden Kopfhaut bedeckte, die mit Pferdehaar festgenäht wurde. Aus Pferdehaar bestand auch ein Bart, den man ihm umgebunden hatte, vielleicht um dem Verstorbenen während des Bestattungszeremoniells ein würdevolles fürstliches Aussehen zu verleihen.

Als weitere wichtige Beobachtung wäre zu erwähnen, daß die im Altai stets vor der Nordseite der Grabkammer niedergelegten Pferde einen reichen Kopfputz aus Leder, Holz und Filz trugen, der teilweise Rentier-, Elch- und Hirschgeweihe imitierte. Die Pferde, die möglicherweise die Totenprozession anführten, wurden also regelrecht verkleidet bzw. maskiert. Es scheint, als sollten sie mit den Wesenszügen anderer Tiere ausgestattet werden, um über sämtliche animalischen Kräfte zu verfügen. Die Masken bringen dabei die Wandlungsfähigkeit zum Ausdruck, und zwar in der Verschmelzung verschiedener Lebewesen zu einem einzigen Tier.

Klar ist, daß uns die sog. Eiskurgane des Altai-Hochgebirges aufgrund ihrer besonderen Erhaltungsbedingungen die geistige Vorstellungswelt der frühen Reiternomaden in einer Lebendigkeit und zugleich Komplexität vor Augen führen, wie sie sich normalerweise nicht erfassen läßt. Doch was erhebt diese Gräber zu Bestattungen einer fürstlichen Oberschicht, vergleichbar den goldreichen Katakomben der Skythen? Riesige Teppiche mit teilweise zu Friesen geordneten szenischen Darstellungen, die neben den Grabkammern niedergelegt waren, teilweise aber offenbar auch die Kammerwände zierten, große vierrädrige Zeremonialwagen aus Holz, die nur kultischen Zwecken gedient haben konnten, oder aus China importierte Seidenstoffe lassen keinen Zweifel daran, daß in diesen Kurganen Angehörige der Führungsschicht beigesetzt worden waren. Doch Goldobjekte fehlten. Spielten sie bei den Reiternomaden der Altai-Region etwa keine Rolle als Statussymbole, oder wurden sie bei Beraubungen entnommen? Tatsache ist, daß die Großkurgane der Pazyryk-Kultur geplündert waren, was das Fehlen großer, massiver Goldobjekte erklären könnte.

Neue Entdeckungen in Tuva: die Ausgrabungen von Aržan

Abb. 7 Blick von Nordwesten in den Nordsektor mit der Steinplattenabdeckung des symbolischen Pferdegrabes rechts

Andere beraubte Großgrabhügel der Skythenzeit in Südsibirien zeigen nämlich durchaus, daß sie ursprünglich reich mit Gold ausgestattet gewesen sein müssen. Sie finden sich z. B. in Tuva, einer Landschaft im Herzen Asiens. Das im Norden vom Sajan- und im Süden vom Tannu-Gebirge begrenzte Tuva ist heute als autonome Republik Bestandteil der Russischen Föderation und liegt unmittelbar nördlich der russisch-mongolischen Grenze. Diese Region spielt für die Erforschung der frühen Reiternomaden eine ganz besondere Rolle, weil es die östlichsten und zugleich ältesten Funde einer mit den Skythen weiter westlich verwandten Kultur erbrachte.

Berühmtheit erlangte Tuva durch die im Norden dieses Landes am Ufer des Jenissei-Nebenflusses Ujuk gelegene Königsnekropole von Aržan. Auf diesen sich kilometerweit erstreckenden und Hunderte von Kurganen umfassenden Friedhof wurde die Forschung bereits im 19. Jahrhundert aufmerksam, weil er eine seltene Konzentration von monumentalen Großgrabhügeln bot, wie sie in Eurasien nicht oft vorkommt. Ihr verdankt die Ebene von Aržan die im Volksmund überlieferte Bezeichnung *dolina carej*, das „Tal der Könige".

Doch es dauerte bis in die siebziger Jahre des 20. Jahrhunderts, ehe systematische Ausgrabungen einsetzten. Der Petersburger Gelehrte Michail Petrovič Grjaznov, einer der bedeutendsten Skythenforscher seiner Zeit, wählte einen flachen Steinhaufen mitten im modernen Ort Aržan (dem mongolischen Wort für „heilige Quelle") zur Untersuchung aus. Er entdeckte dort einen Kurgantypus ganz besonderer Art: Es handelte sich nicht um einen aus Rasensoden errichteten hohen Tumulus, sondern um eine aus Steinplatten aufgeschichtete Plattform von fast 100 m Durchmesser, aber nur 3–4 m Höhe (der sog. Kurgan Aržan 1). Darunter kam eine bis heute einzigartige Holzkonstruktion zum Vorschein: Zahllose rechteckige und leicht trapezoide Balkenkammern umgaben in mehreren Reihen kreisförmig eine zentrale Grabstätte, was der gesamten Konstruktion im Plan ein radartiges Aussehen verlieh. Eine doppelte Balkenkammer im Zentrum enthielt die geplünderte Bestattung eines ursprünglich prunkvoll ausgestatteten Fürstenpaares: Unzählige von den Grabräubern zurückgelassene kleinere Goldobjekte lassen zumindest in Ansätzen deren ursprünglichen Reichtum erahnen. Das Fürstenpaar war umgeben von acht Baumsärgen, in denen offenbar Teile des Gefolges beigesetzt wurden. Daneben hatte man noch insgesamt 200 Pferde geopfert, die ebenfalls zum Besitz des Fürstenpaares gehörten.

Die von den Grabräubern nicht entwendeten Bronzewaffen und Bestandteile des Pferdegeschirrs erregten damals großes Aufsehen, ließen sie sich doch überzeugend in das späte 9. und 8. Jahrhundert v.Chr. datieren. Damit erbrachte die Nekropole von Aržan in Tuva die bislang ältesten reiternomadischen Funde skythischer Prägung, denen sich nur wenige weitere Materialien aus unmittelbar benachbarten Gebieten (Minusinsker Becken und Altai-Region) zur Seite stellen ließen. Westsibirien, Kasachstan und der Nordschwarzmeerraum wurden von dieser Entwicklung erst über ein Jahrhundert später erreicht. Seitdem galt in der Forschung als ausgemacht, daß die Entstehung des Reiternomadentums und der damit verbundenen Sachkultur skythischer Prägung, in der der Tierstil eine zentrale Rolle spielte, in diesen Teilen Südsibiriens zu suchen ist.

Nachdem das Deutsche Archäologische Institut Mitte der neunziger Jahre mit der Gründung der Eurasien-Abteilung sein Arbeitsgebiet auch auf den Raum der ehemaligen Sowjetunion ausgedehnt hatte, war für uns die weitere Erforschung der Anfänge des Reiternomadentums eine der zentralen Fragen. Dieses Anliegen mußte uns nach Südsibirien und dort in die nordtuvinische Nekropole von Aržan führen. Ähnliche Interessen brachten uns dabei mit Konstantin Vladimirovič Čugunov von der Staatlichen Ermitage zu St. Petersburg zusammen, der seit den achtziger Jahren in Tuva tätig war, und eines der ersten und – wie sich zeigen sollte – erfolgreichsten deutsch-russischen Gemeinschaftsprojekte auf dem Gebiet der Archäologie nahm seinen Weg.

Schon nach einem ersten Besuch 1994 nahm uns das Tal von Aržan in seinen Bann. Bereits 1996 wählten wir den ganz im Osten dieser Nekropole gelegenen Kurgan Aržan 2 für eine Freilegung aus, aber noch war aufgrund diverser Schwierigkeiten nicht an den Beginn von Ausgrabungen zu denken. Doch wir gaben nicht auf und konnten 1998 immerhin topographische und geophysikalische Untersuchungen durchführen. Diese Arbeiten waren wichtige Vorbereitungen, denen auch erste Sondagen in gestörten Bereichen des Kurgans und seines Umfeldes im Jahre 2000 dienten, aber noch war nicht zu erahnen, was wir im Kurgan Aržan 2 tatsächlich finden sollten. Ein Jahr später war es schließlich soweit, die vollständige Freilegung der Grabanlage konnte beginnen, und schon die erste Kampagne 2001 sollte eine der größten Entdeckungen der eurasischen Archäologie bringen. Im Jahre 2003 war das Unternehmen abgeschlossen.

Der Kurgan Aržan 2 war aufgrund mehrfacher Beraubungsversuche an verschiedenen Stellen stark gestört. Für uns schien er damit das Schicksal der meisten anderen Großgrabhügel der eurasischen Steppe zu teilen, wonach das im Zentrum des Kurgans zu vermutende Fürstengrab nicht mehr ungestört sein würde. Da es sich bei dieser Anlage aber ähnlich wie bei dem seinerzeit von Grjaznov untersuchten Kurgan Aržan 1 um eine flache Steinplattform handelte, bestand für uns gewisse Hoffnung, hier einen weiteren Grabbau aus der Entstehungszeit der skythischen Kultur dokumentieren und dabei – trotz aller Störungen – die von Grjaznov noch offen gelassenen Fragen beantworten zu können. Doch alles sollte ganz anders kommen.

Schon zu Beginn der Ausgrabungen im Sommer 2001 wurde deutlich, daß sich unter der von uns untersuchten Steinplattform Aržan 2 von ungefähr 80 m Durchmesser und 2,5 m Höhe keine mit Aržan 1 vergleichbare radförmige Holzkonstruktion befand. Die Arbeiten konnten daher rascher voranschreiten, und schon nach wenigen Wochen waren zwei Sektoren in der Nordhälfte freigelegt, die die Sensation brachten: In einem der wenigen ungestörten Bereiche des Kurgans stießen wir auf einen Grabschacht, der keinerlei Spuren einer Beraubung zu erkennen gab. Die Freude über ein unberührtes „Nebengrab", für das wir es zunächst hielten, war groß. Erst später verstanden wir, daß es sich bei dieser Grablege (Grab 5) um die Hauptbestattung der ganzen Anlage handelte. Entgegen der sonst vorherrschenden Regel wurde sie jedoch nicht im Zentrum des Kurgans eingetieft, sondern an seiner nordwestlichen Peripherie. Nur deshalb dürfte das Grab seiner Plünderung entgangen sein, der die meisten anderen Königsgräber der eurasischen Steppe zum Opfer gefallen waren.

Abb. 8 Grab 5: die untere Balkenabdeckung des Fürstengrabes

Abb. 9 Blick in die Grabkammer nach der ersten Phase der Freilegung

Abb. 10 Nordostecke des Grabes mit Köcher und Streitpickel

Nach dem Ausheben der Verfüllung im Grabschacht stießen wir in ca. 3 m Tiefe auf die Abdeckung der Kammer von Grab 5, die nur im Süden eingebrochen, ansonsten aber intakt war. Es handelte sich also um einen seit über 2.500 Jahren unberührten Hohlraum von 2,6 x 2,4 m Größe im Inneren von zwei ineinandergestellten und in Blockbauweise errichteten Kammern aus mächtigen Lärchenbalken. Die Innenwände waren ursprünglich mit rotem Filzstoff drapiert, von dem noch geringe Reste zurückblieben. Auf dem aus sorgfältig zugeschnittenen Brettern bestehenden Boden war ein schwarzer Filzteppich ausgelegt, auf dem zwei Skelette einer fürstlichen Doppelbestattung ruhten.

Ein 50–55jähriger Mann lag dabei im Nordosten, eine ungefähr 20 Jahre jüngere Frau südwestlich neben ihm. Die beiden Verstorbenen wurden mit leicht angewinkelten Beinen beigesetzt. Die Köpfe waren ursprünglich nach links gedreht, wodurch sie auf neben ihnen liegende Bronzespiegel blickten. Außer den Verstorbenen und den beiden auf ihren Lederetuis liegenden Spiegeln befanden sich keine weiteren Gegenstände auf dem Boden der Grabkammer. Die in der Nord- und Westecke entdeckten Ausstattungsteile waren ursprünglich an den Balkenwänden aufgehängt und fielen erst nachträglich zu Boden. Auch die Schädel der beiden Skelette lagen nicht mehr in originaler Fundposition, sondern waren seitlich abgekippt. Dies deutet darauf hin, daß sie ursprünglich auf Kissen ruhten, die jedoch nicht mehr erhalten sind.

Der Mann trug einen 1,8 kg schweren massiven Goldhalsring, der umlaufend mit Tierstilornamenten verziert war und eine vierkantig verbreiterte Vorderseite besaß, auf der unzählige Pantherfigürchen befestigt waren. Dieser Halsreif weist den Verstorbenen unmißverständlich als einen Angehörigen der obersten reiternomadischen Führungsschicht aus. Herodot bezeichnet diese Schicht bei den Skythen der Nordschwarzmeersteppen als *basileis*, „Könige".

Fünf aus dickem Goldblech geschnittene Tierfiguren, vier Pferde mit untergeschlagenen Läufen und ein röhrender Hirsch, zierten eine nicht mehr erhaltene Leder- oder Filzkappe des Mannes. Seinen Oberkörper bedeckte ein Umhang mit Stehkragen, der bis zur Hüfte und an den Armen bis knapp über die Ellbogen reichte. Auf diesem Umhang waren 2.632 aus Gold gegossene Pantherfigürchen aufgenäht, die dabei kurvolineare Muster in Form von angelegten Flügeln oder Flammen bildeten. Als Beinkleid trug der Mann eine Hose, die vermutlich aus Filz oder Leder bestand und mit Hunderttausenden von goldenen Miniaturperlen verziert war. Die Hosenbeine steckten wiederum in halbhohen Stiefeln mit goldenen Stulpen. Um seine Hüfte hing ein mit goldenem Riemenzubehör verzierter Gurt, an dem an seiner rechten Seite eine Scheide angebracht war, in der ein eiserner Dolch und zwei eiserne Messer steckten. Dolch wie Messer waren mit goldenen Einlagen versehen, die Tierfiguren sowie kurvolineare Motive zu erkennen gaben.

Ein weiterer, ebenfalls mit zahllosen goldenen Riemendurchziehern bestückter Gürtel trug den Köcher, den skythische Krieger in der Regel an ihrer linken Hüftseite befestigt hatten. Der Köcher wurde dem Verstorbenen aber nicht mehr angelegt, sondern an der ihm gegenüberliegenden Kammerwand aufgehängt, von der er später herabfiel. Eine Längsseite dieses Köchers bestand aus dickem Goldblech mit Fischschuppenmuster; an seiner Unterseite bog es im rechten Winkel um und war dort mit einem ebenfalls fischschuppenverzierten Bodenteil verbunden. Die übrigen, nicht mehr erhaltenen Teile des Köchers bestanden aus dünnen Holzplatten, auf denen Hunderte von goldenen Eberfigürchen aufgereiht waren.

Im Köcher befanden sich zahllose Pfeile, deren Holzschäfte noch erhalten waren und Reste einer gebänderten Bemalung mit schwarzer und roter Farbe zu erkennen gaben. Die eisernen Pfeilspitzen waren – wie sich nach der Restaurierung zeigte – mit Gold und Silber bzw. Elektron inkrustiert, wobei Raubvogeldarstellungen und Flügelmotive vorkommen. Unter dem Köcher stießen wir auf Reste des Bogens, der in einem eigenen Futteral und ebenfalls mit Goldblech verziert von hinten in den Goryt eingesteckt war. Neben dem Köcher lagen noch eine Reitpeitsche, deren Griff mit Goldhülsen verkleidet war, sowie ein eiserner und ebenfalls goldinkrustierter Streitpickel mit langem Holzschaft.

Die Ausstattung der Frau stand der des Fürsten in nichts nach. Anstelle eines

Halsreifs trug sie ein tierstilverziertes Goldpektorale, das ihr aber nicht umgelegt wurde, sondern an der Kammerwand oberhalb ihres Kopfes aufgehängt war, von wo es später herabfiel. Die Frau trug einen Umhang, der dem des Mannes ähnelte. Er war mit 2.297 goldenen Pantherfigürchen verziert, die jedoch – anders als beim Fürsten – nicht gegossen, sondern aus Goldblech getrieben waren. Ihr Gewand dürfte damit erheblich leichter als der nur schwer zu tragende und womöglich nur zu bestimmten Anlässen angelegte Umhang des Mannes gewesen sein. Ihr Kopfputz kann als hohe, zylindrische Kappe rekonstruiert werden, an der tierförmige Platten, Bänder und zwei lange Nadeln, alles aus Gold und im Tierstil verziert, befestigt waren. Hinzu kommen Ohrringe, Locken- bzw. Zopfringe, ein Kollier aus Hunderten unterschiedlicher Perlen auf der Brust u. v. m.

Unter dem Umhang dürfte die Frau ein knielanges Unterkleid getragen haben, das mit einem mit goldenen Schmuckstücken versehenen Lederband gegürtet war. Auch an der rechten Seite der Frau hing ein eiserner Dolch mit vergoldetem Griff und goldinkrustierter Klinge, an ihrer Linken ein massiver goldener Miniaturkessel, der mittels einer Fuchsschwanzkette befestigt war. Von den ehedem wohl kniehohen Filz- oder Lederstiefeln blieben nur mehr Zierelemente aus Edelmetall erhalten: unzählige Goldperlen sowie zwei goldene Bänder mit Granulation.

In der westlichen Kammerecke links oberhalb der Frau kamen noch ein hölzernes Schöpfgefäß mit goldenem Griff in Form eines Tierfußes, ein goldener Kamm mit hölzernen Zähnen sowie steinerne Räucher- und kleine Bronzegefäße, letztere teilweise in Lederetuis, zum Vorschein. Alle diese Objekte hingen ursprünglich an der Kammerwand, und zwar zusammen mit vermutlich sechs bis acht Ledersäcken, von denen noch Reste anzutreffen waren. Diese Säcke enthielten Speisebeigaben, darunter eine wilde Kirschart, wilde Möhren und Erdmandeln, an denen besonders bemerkenswert ist, daß sie in Tuva nicht heimisch waren, sondern vermutlich aus Mittelasien stammen.

In dem Zwischenraum zwischen der hölzernen Kammer und der Wand des Grabschachtes hatte man im Nordosten noch zwei unterschiedlich große und sehr gut erhaltene Bronzekessel deponiert und mit Steinplatten umstellt und überdeckt, ehe der Schacht wieder verfüllt wurde.

Die fürstliche Doppelbestattung aus Grab 5 des Kurgans Aržan 2 enthielt ins-

Abb. 11 Die vorgefundene Lage der goldenen Raubkatzenfigürchen vom Umhang des Mannes (rechts) und der Frau (links)

Abb. 12 Schematischer Lageplan der Skelette und Fundgegenstände (nach V. Efimov)

Abb. 13 Westecke des Grabes mit der Schöpfkelle (s. Tafel 75), einem goldenen Kamm und organischen Grabbeigaben

Abb. 14 Grab 2: das symbolische Pferdegrab mit Fragmenten des goldenen Kopfschmucks

gesamt 9.300 Objekte, davon allein 5.600 aus Gold. Die meisten der Goldobjekte sind Meisterwerke der Tierstilkunst, die einen in diesem Teil Südsibiriens bisher unbekannten Stil vertreten. Dieser sensationelle Fund stellt eines der reichsten Gräber der reiternomadischen Kultur der Skythenzeit dar und gehört damit zu den herausragendsten archäologischen Entdeckungen Eurasiens. Er verändert aber auch unsere Vorstellung von den Reiterkriegereliten in den Steppen jenseits des Urals, weil er uns lehrt, daß wir in Südsibirien ebenfalls mit königlichen Bestattungen zu rechnen haben, die sagenhaft reiche Goldschätze enthielten. Und eines dürfte feststehen: Aržan 2 war sicher kein Einzelfall, sondern dürfte nur die Spitze eines Eisberges sein.

300 Jahre archäologischer Forschung in Sibirien mußten vergehen, ehe wir zu dieser Einsicht gelangten. Doch dies ist eines der kennzeichnenden und zugleich faszinierenden Merkmale der Archäologie als Wissenschaft: Immer wieder kommt es zu bedeutenden und unerwarteten Entdeckungen, die unser Bild von vergangenen Perioden der Menschheitsgeschichte nicht nur ergänzen oder präzisieren, sondern auch nachhaltig verändern können. Dabei ist es wohl als Glücksfall zu bezeichnen, daß das Fürstengrab aus dem Kurgan Aržan 2 erst zu Beginn des 21. Jahrhunderts ans Tageslicht kam, denn zweifellos besitzt die moderne Archäologie heute andere Möglichkeiten als vor Jahrzehnten oder gar Jahrhunderten.

So ergaben dendrochronologische Analysen an den Lärchenstämmen der Grabkammer, daß diese zwischen 619 und 608 v. Chr. gefällt wurden; damit kann das Fürstengrab verläßlich an das Ende des 7. Jahrhunderts v. Chr. datiert werden. Eine vergleichbar exakte Zeitbestimmung wäre auf ausschließlich archäologischem Wege nicht möglich gewesen. Metalltechnische Beobachtungen klären uns über Einzelheiten der Herstellung dieser herausragenden Goldarbeiten auf. Paläopathologische Untersuchungen am Knochenmaterial des Fürsten zeigen, daß er an Prostatakrebs starb; aufgrund des von Metastasen vollkommen zersetzten Knochenmaterials dürfte er die letzten Jahre seines Lebens nur mehr unter qualvollen Schmerzen auf einer Bahre liegend verbracht haben. Jedenfalls war er sicher nicht mehr in der Lage, seinen schweren, mit Tausenden von goldenen Panthern besetzten Umhang zu tragen.

Nur etwa 10 m nordöstlich vom Fürstengrab 5 kam Bestattung 2 zum Vorschein, ein symbolisches Pferdegrab, das aufgrund seiner Nähe zu Grab 5 mit diesem im Zusammenhang zu sehen ist. Es handelte sich um eine kleine Holzbalkenkonstruktion mit Steinplattenabdeckung, die bestimmte Bestandteile der Pferdeausstattung enthielt: hölzerne Teile vom Sattel mit bronzenen und mit Goldblech überzogenen Verbindungsstücken sowie weiterer goldener Zierrat vom Pferd. Besonders hervorzuheben ist dabei ein Konus aus organischem und inzwischen vergangenem Material, der mit dünnem Goldblech überzogen war, das nur mehr beschädigt und verdrückt zurückblieb, sowie mit einem Greifen- oder Raubvogelkopf bekrönt war. An drei Seiten gingen davon aus Goldblech geschnittene Fischfiguren ab; in dieser Anordnung jedenfalls lagen die Objekte im Zentrum von Grab 2. Aufgrund des Fehlens jeglicher Pferdeknochen kann dieser Komplex als symbolisches Pferdegrab interpretiert werden, in dem besonderer Schmuck eines hervorgehobenen Pferdes beigesetzt wurde, das vielleicht dem in Grab 5 beerdigten Fürsten gehört hatte.

Der Kurgan Aržan 2 enthielt darüber hinaus noch etliche weitere, gleichzeitige Gräber, die im Sinne der von Herodot für die Schwarzmeerskythen beschriebenen Totenfolge als Bestattungen des gewaltsam getöteten Gefolges zu betrachten sind. Die Spuren dieser Tötungen sind teilweise deutlich zu erkennen. Genetisch bedingte krankhafte Veränderungen am Knochenmaterial weisen zudem auf verwandtschaftliche Beziehungen zwischen einigen der Ermordeten und dem Fürstenpaar hin. DNA-Untersuchungen an den Knochen von 14 Pferden, die in Grab 16 lagen, werden u. a. die Frage beantworten lassen, aus wie vielen verschiedenen Herden sie stammen.

Doch auch der Ausgrabungsbefund selbst liefert bemerkenswerte Beobachtungen: An verschiedenen Stellen des Kurgans aufgestellte Stelen, zwei leere Gruben im Zentrum der Anlage sowie ein von einer rechteckigen Steinsetzung umgebener Brandopferplatz im Südwestsektor des Hügels zeigen, daß die

Grablegung des Fürstenpaares mit kultischen Handlungen verbunden war. Ferner verdient die Tatsache Beachtung, daß das Pferdegrab 16 im Unterschied zu allen anderen skythenzeitlichen Bestattungen erst nachträglich in den Kurgan eingebracht wurde; der Hügel mußte dazu eigens geöffnet und anschließend wieder verschlossen werden. Auch dieses spätere Opfer läßt sich nur im Zusammenhang mit uns im einzelnen nicht näher bekannten Ritualen erklären.

Dabei dürfte feststehen, daß die „königliche" Beisetzung in Kurgan Aržan 2 regelrecht inszeniert wurde, ein Ritual, das nur der obersten Führungsschicht zustand. Für das weitere Verständnis dieses Rituals und für eine tiefere Kenntnis der Lebenswelt der skythenzeitlichen Reiternomaden und ihrer Eliten in den Steppen Südsibiriens sind die unter Leitung der Verfasser von einem internationalen Spezialistenteam durchgeführten naturwissenschaftlichen Begleituntersuchungen von größter Bedeutung. Denn zweifellos hat dieser „Jahrhundertfund" uns noch nicht sein letztes Geheimnis preisgegeben.

Tafeln

1 Greifenkopf aus Goldblech, Fragment vom Kopfschmuck eines Pferdes, 10,8 x 6,3 cm (Detail)
Kat. Nr. 1

2 Gesamtansicht mit Sockel, Goldblech, 13,5 cm Durchmesser
Kat. Nr. 1

3 Fische aus Goldblech, Teile des Pferdeschmucks, je 22 cm lang
Kat. Nr. 2

4 Fisch aus Goldblech, 26 cm lang
Kat. Nr. 2

5 Hirschfigur aus Goldblech mit Emaileinlagen,
Bekrönung der Kopfbedeckung des Fürsten, 6,9 cm hoch
Kat. Nr. 3

6 Zwei Pferdefiguren aus Goldblech mit Emaileinlagen, nach rechts blickend,
Appliken an der Kopfbedeckung, 8,5 cm lang
Kat. Nr. 4

7 Zwei Pferdefiguren aus Goldblech mit Emaileinlagen, nach links blickend
Kat. Nr. 4

8 Mutmaßliche Anordnung der Fragmente auf der Kopfbedeckung des Fürsten
Kat. Nr. 3–4

9 Halsring aus massivem Gold, 23,6 cm Außendurchmesser
Kat. Nr. 5

10 Frontstück des Halsrings mit Raubkatzenfigürchen aus gegossenem Gold, 16,4 cm lang (Detail)
Kat. Nr. 5

11 Raubkatzenfigürchen auf dem Frontstück des Halsrings,
je 8 mm lang (Detail)
Kat. Nr. 5

12 Umlaufende Tierfriese auf dem Ringkörper:
Ziege, Pferd, Kamel (Details)
Kat. Nr. 5

13 Umlaufende Tierfriese auf dem Ringkörper:
Raubkatze, Wildschwein, Hirsch (Details)
Kat. Nr. 5

14 In Gold gegossene Raubkatzenfigürchen vom Umhang, je 2,1 cm lang
Kat. Nr. 6

15 Goldene Raubkatzen-Appliken vom Umhang
in den beiden Varianten der Blickrichtung
Kat. Nr. 6

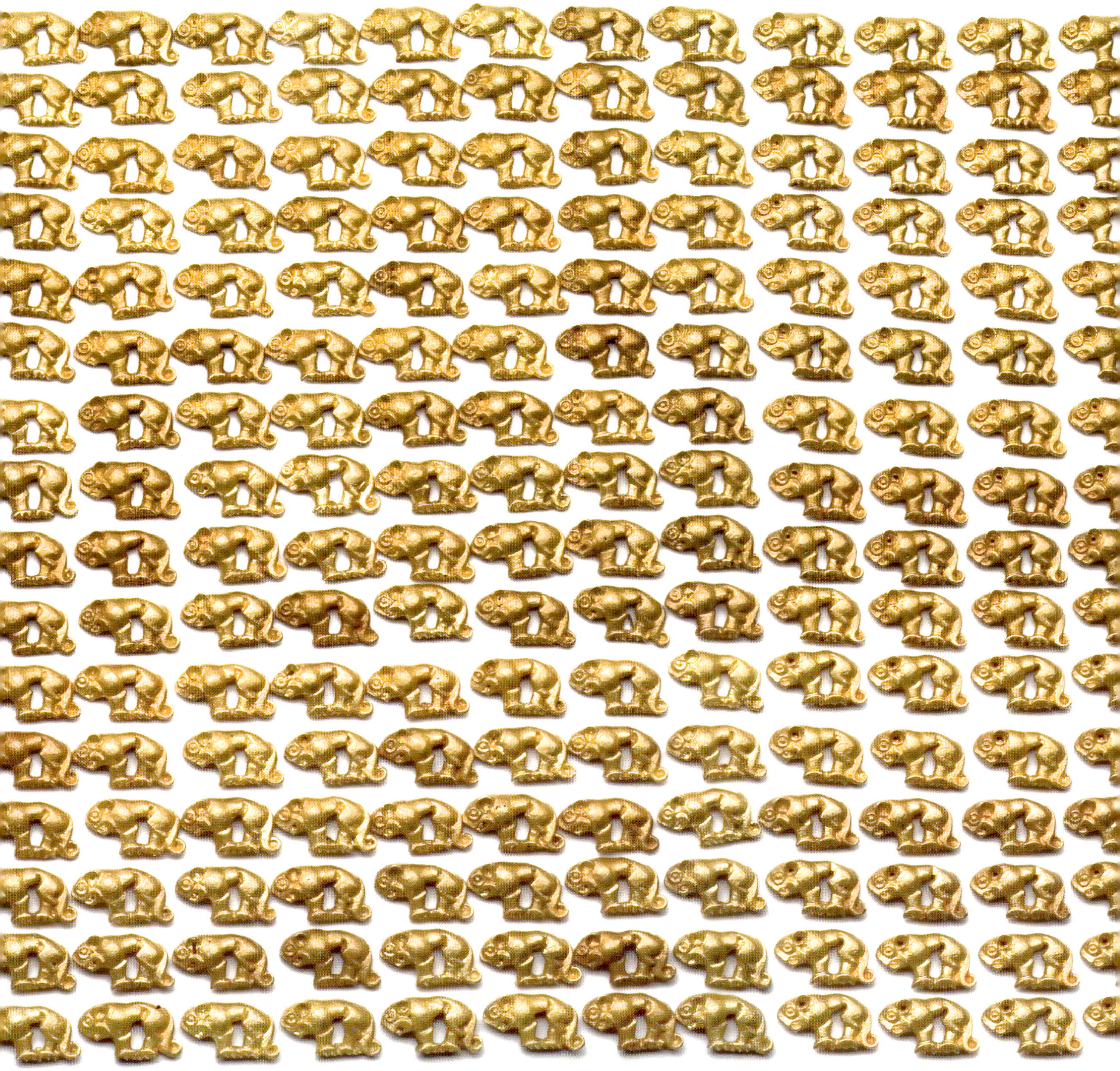

16–17 Goldene Raubkatzen-Appliken vom Umhang;
insgesamt wurden 2.632 dieser Figürchen gefunden, davon 1.510 nach links orientierte
Kat. Nr. 6

18 Vier Perlen aus Gold mit Flächengranulation, Golddraht-Filigran und Emaileinlagen, wohl vom Gewand des Fürsten, je 6 mm Durchmesser
Kat. Nr. 7

19 Eiserner Dolch mit Goldeinlagen an Klinge und Griff, 38,8 cm lang
Kat. Nr. 8

20 Goldener Griff des eisernen Dolchs mit Ornamentik und Tierdarstellungen: Tiger, stilisierte Ziege (Detail)
Kat. Nr. 8

21 Klinge des eisernen Dolchs mit Goldeinlagen: stilisierter Tierfries in Ornamentrahmen (Detail)
Kat. Nr. 8

22 Zwei eiserne Ringgriffmesser,
links und rechts: mit beidseitigen Goldeinlagen (28,8 cm lang)
und Mitte: mit einseitiger Goldeinlage (24,1 cm lang)
Kat. Nr. 9–10

23 Die goldinkrustierten Griffe der eisernen Ringgriffmesser
mit stilisierten Tierdarstellungen und Spiralornamentik (Details)
Kat. Nr. 9–10

24 Goldene Schieber vom Dolchriemen mit Raubkatzen und Beutetieren;
Ansichten der Vorder- und Rückseiten, 1,6 bis 3,5 cm breit
Kat. Nr. 11

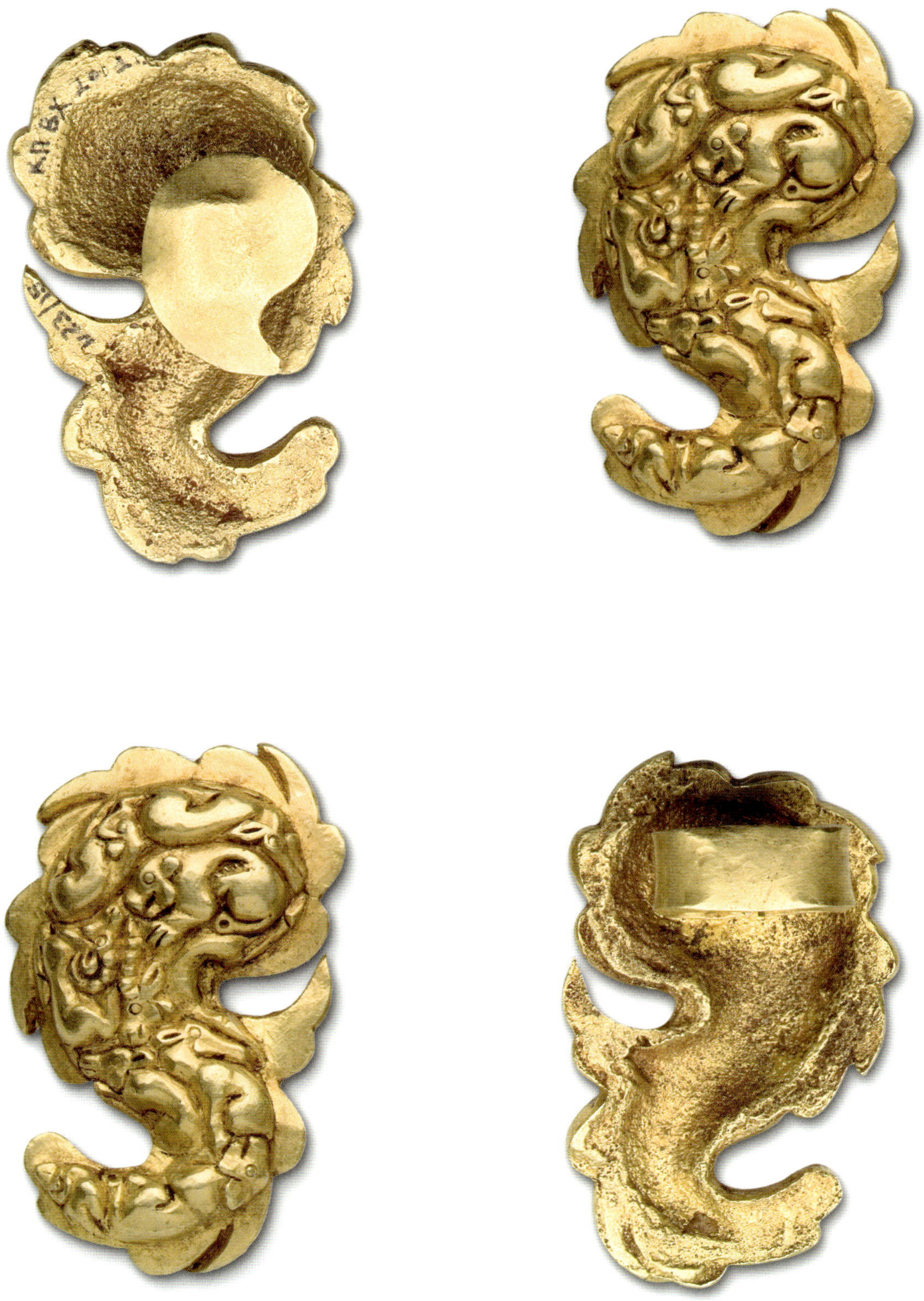

25 Zwei goldene Schmuckplatten vom Dolchriemen mit Tierreliefs,
Vorder- und Rückansichten, je 4,8 cm lang
Kat. Nr. 12

26 Arm und Nacken des eisernen Streitpickels
mit flächendeckenden Goldeinlagen, ca. 22 cm lang
Kat. Nr. 13

27 Reste des Köchers aus Goldblech:
Bodenstück, Längsblech (70 cm lang) mit hakenförmig umgebogenem Ende und Holzeinsatz
Kat. Nr. 14

28 Schuppenartige Reliefverzierung des goldenen Längsblechs
und Reste des Holzfutters (Details)
Kat. Nr. 14

29 Goldene Eberfigürchen vom Holzfutter des Köchers
in zwei Größen und Blickrichtungen
Kat. Nr. 15

30 Die zwei Varianten der Eberfigürchen: oben nach links orientiert (2,1 cm lang), unten nach rechts ausgerichtet (2,6 cm lang)
Kat. Nr. 15

31 Eisenpfeilspitzen mit eingelegten Flügelmotiven in Gold und Silber,
13,3 (oben) bis 6,9 cm (unten) lang
Kat. Nr. 16

32 Eisenpfeilspitze mit in Gold und Silber eingelegten Tiermotiven auf allen drei Seiten:
Adler und Ziege, 8 bzw. 8,4 cm lang;
Eisenpfeilspitze mit Flügelmotiven, 8,5 bzw. 8 cm lang
Kat. Nr. 16

33 Zierbeschlag vom Bogen aus Goldblech
in Form eines Hirschkopfes mit hohem Geweih, 9,9 cm hoch
Kat. Nr. 17

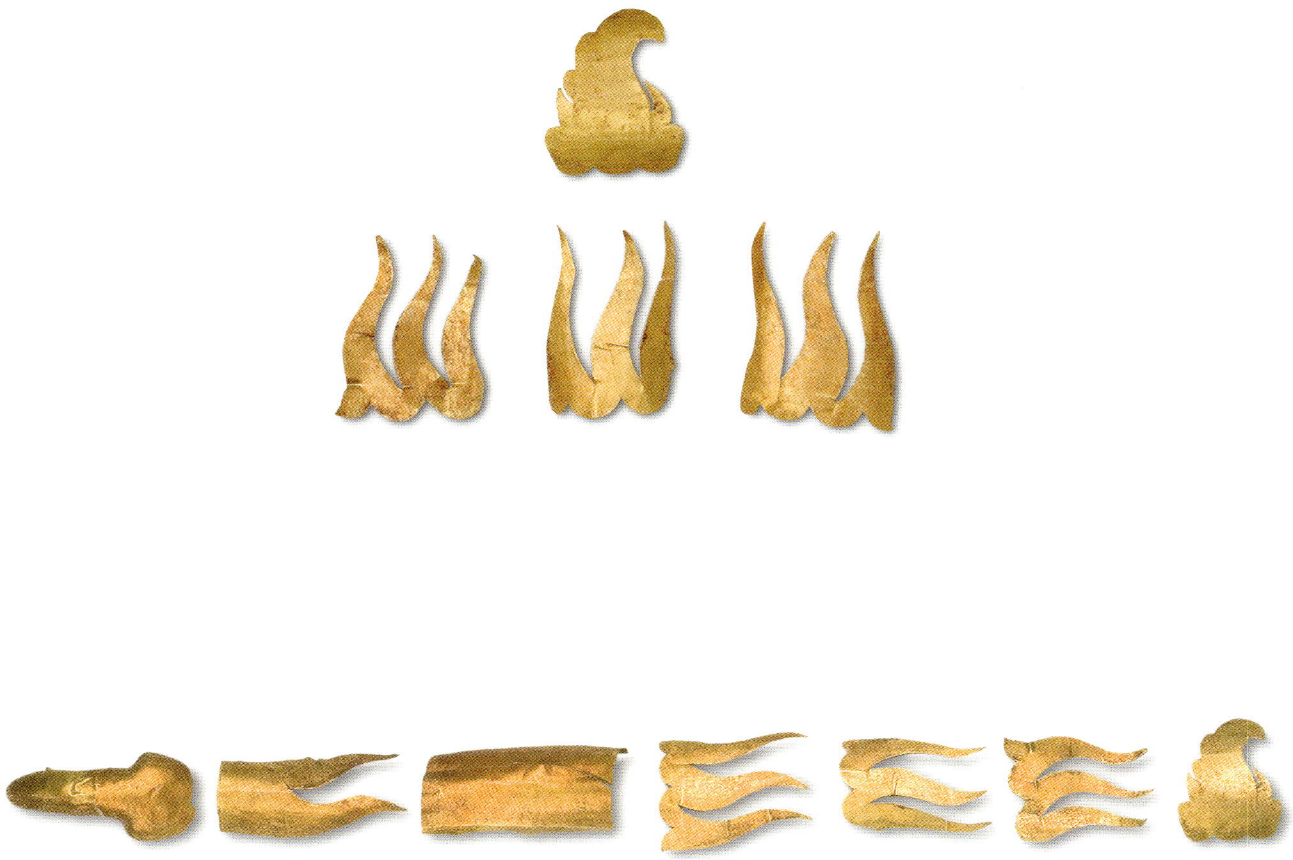

34 Flammenförmige Goldbeschläge vom Bogen, 2,8 bis 5,2 cm breit
Kat. Nr. 17

35 Goldene Schieber und Abschlußelemente als Riemenzier des Köchertragegurts,
4 (oben) bis 2 cm lang (unten)
Kat. Nr. 18

36 Goldenes Verschlußstück mit Greifenköpfen (4 cm hoch)
und goldene Riemenzunge vom Tragegurt des Köchers (4,4 cm lang)
Kat. Nr. 18

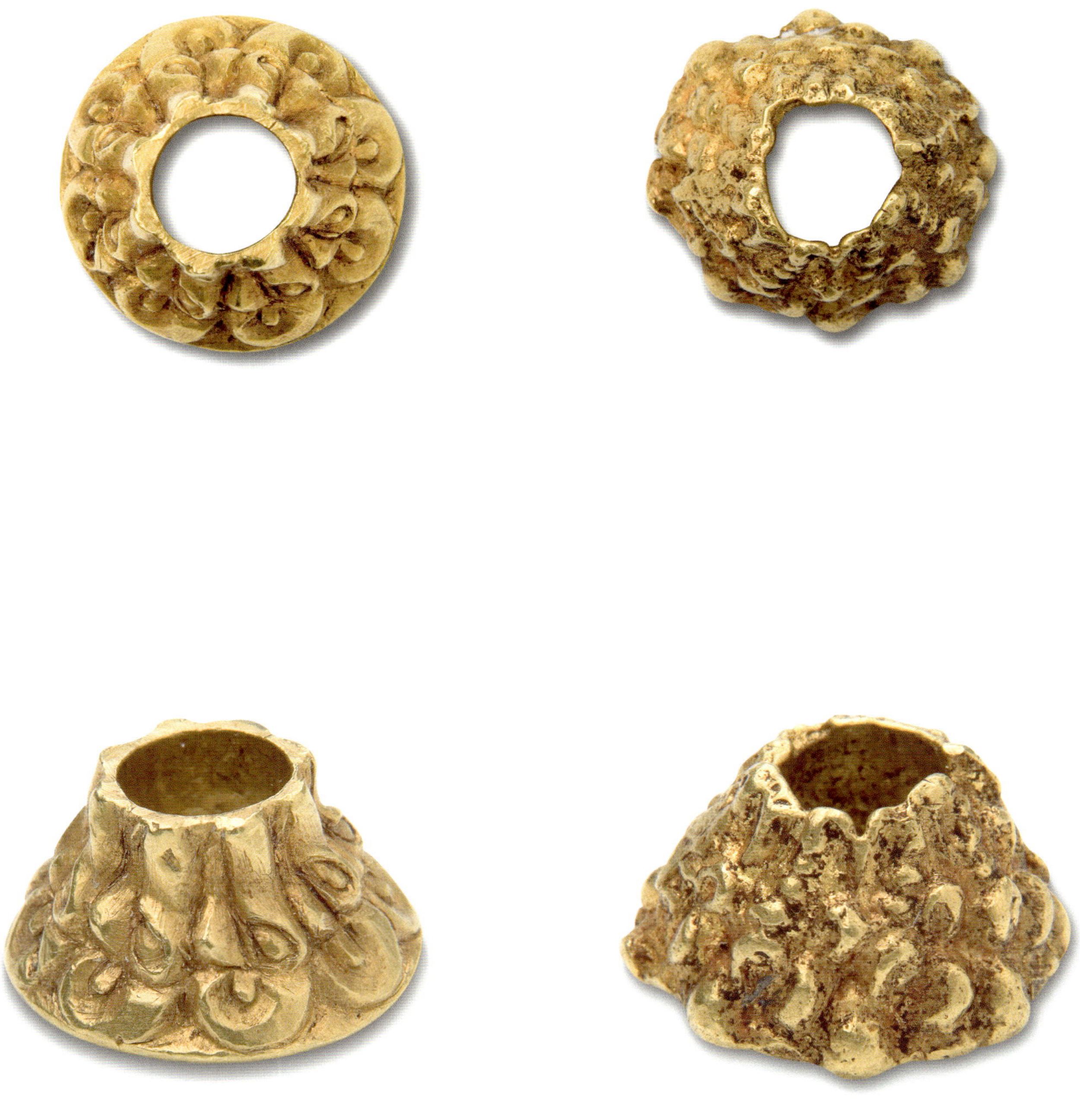

37 Goldene kegelstumpfförmige Riemenzier mit stilisierten Tiermotiven vom Köchertragegurt, 3,3 cm Durchmesser
Kat. Nr. 18

38 Goldene Riemenzier mit Tierstilornamentik vom Köchertragegurt,
3,3 cm Durchmesser
Kat. Nr. 18

39 Goldener Stift mit Schafsfigur vom Bodenbereich des Köchers, 7,8 cm lang
Kat. Nr. 19

40 Die Schafsfigur des goldenen Stifts (Detail)
Kat. Nr. 19

41 Bestandteile des Köchers:
Tragegurt mit goldenen Zierelementen und Verschlußstücken,
der goldene Stift, Längsseite und Bodenstück aus geschupptem Goldblech
Kat. Nrn. 14, 18 und 19

42 Vorder- und Rückseite des Bronzespiegels mit Schiebern aus Gold- und Elektronblech am Lederband, 7,7 cm Durchmesser
Kat. Nr. 20

43 Raubkatze aus ziseliertem Goldblech von der Kopfbedeckung, 2,8 cm lang
Kat. Nr. 21

44 Stilisierter Greifenkopf aus Goldblech mit Perforationen zur Befestigung an der Kopfbedeckung, 3,6 cm hoch
Kat. Nr. 21

45 Pferdefiguren aus geschmiedetem Goldblech
von der Kopfbedeckung, 8 cm lang
Kat. Nr. 21

46 Die Pferdeköpfe im Detail
Kat. Nr. 21

47 Geripptes Band und flügelförmige Zierstücke aus Goldblech von der Kopfbedeckung
Kat. Nr. 21

48 Zierelemente der Kopfbedeckung:
stilisierter Greifenkopf, Pferdefiguren und Raubkatze aus Goldblech
Kat. Nr. 21

49 Goldene Ziernadel mit Hirschfigur und Tierfries am Schaft von der Kopfbedeckung, 30,2 cm lang
Kat. Nr. 22

50 Die Hirschfigur der goldenen Ziernadel im Detail
Kat. Nr. 22

51 Seiten- und Rückenansicht der Hirschfigur (Detail)
Kat. Nr. 22

52 Vorder- und Seitenansicht der Hirschfigur (Detail)
Kat. Nr. 22

53 Goldene Ziernadel mit schälchenförmigem Kopf und Tierfries am Schaft von der Kopfbedeckung, 35,7 cm lang
Kat. Nr. 23

54 Rücken- und Vorderansicht des schälchenförmigen Kopfes
mit Flügelornament (Detail)
Kat. Nr. 23

55 Goldenes Pektorale mit Tierdarstellungen zwischen Spiralmustern, 12,6 cm max. Durchmesser
Kat. Nr. 24

56 Goldene Riemenschieber mit Goldgranulat vom Verschluß des Pektorales
Kat. Nr. 24

57 Detail der Schauseite des goldenen Pektorales:
Ziege, Schaf, Hirsch und Eber zwischen Spiralmustern
Kat. Nr. 24

58 Ohrgehänge mit Goldgranulat und Emaileinlagen, 2,6 cm Durchmesser
Kat. Nr. 25

59 Teile der goldenen Ohrgehänge und Kette aus Golddrahtringen
Kat. Nr. 25

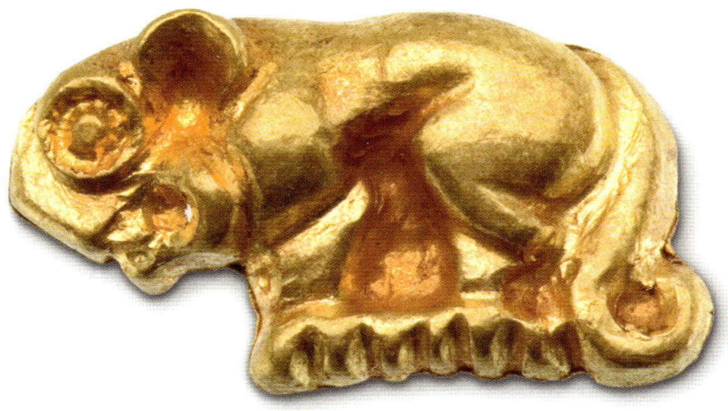

60 Raubkatze aus getriebenem Goldblech vom Umhang, 1,9 cm lang
Kat. Nr. 26

61 Raubkatzen aus getriebenem Goldblech vom Umhang, 1,9 cm lang
Kat. Nr. 26

62 Handgelenkkette, in Fuchsschwanztechnik
aus geschmiedetem Golddraht gearbeitet, ca. 5 cm Durchmesser
Kat. Nr. 27

63 Eisendolch mit massivem Goldgriff und Goldeinlagen an der Klinge,
23,5 cm lang
Kat. Nr. 28

64 Klinge des Eisendolchs mit Goldeinlage (Detail)
Kat. Nr. 28

65 Vorder- und Rückseite des goldenen Dolchgriffs
mit Raubkatzen an Heft- und Griffabschluß und Tierkörper-Fries an der Griffplatte (Details)
Kat. Nr. 28

66 Goldene Schieber vom Dolchriemen mit Schafsfiguren, je 1,6 cm hoch
Kat. Nr. 29

67 Das liegende gehörnte Schaf eines goldenen Riemenschiebers
Kat. Nr. 29

68 Goldene Schmuckplatten des Dolchriemens
mit Schafsfigur und weiteren Tierkörpern, 2,9 cm lang
Kat. Nr. 30

69 Das liegende Schaf
einer der goldenen Schmuckplatten (Detail)
Kat. Nr. 30

70 Stiefelbänder mit Goldgranulat und tropfenförmigen Emaileinlagen (Detail)
Kat. Nr. 31

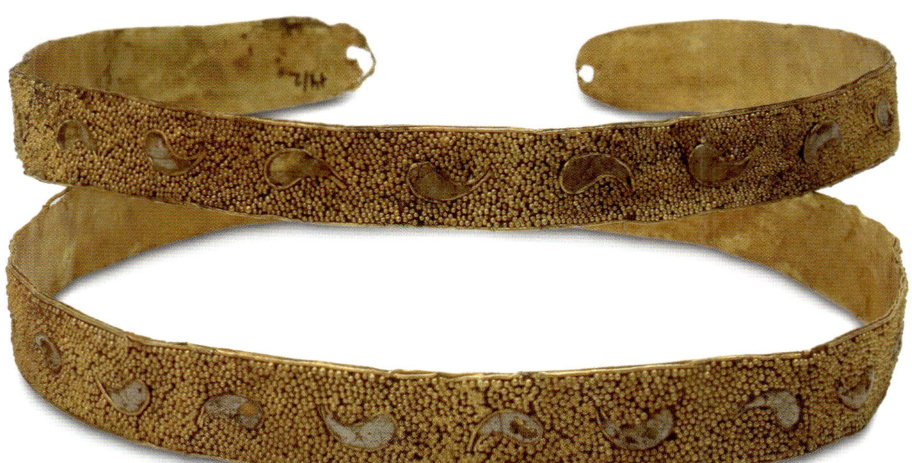

71 Die zwei goldenen Stiefelbänder, je 30,4 cm lang
Kat. Nr. 31

72 Goldener Miniaturkessel mit Tierstil-Relief und Fuchsschwanzkette
zur Befestigung am Gürtel, 3,9 cm Durchmesser
Kat. Nr. 32

73 Der goldene Miniaturkessel von oben gesehen
Kat. Nr. 32

74 Seitenansicht des goldenen Miniaturkessels
Kat. Nr. 32

75 Hölzerne Schöpfkelle mit Handhabe aus Goldblech in Form eines Tierbeins mit Huf,
11,8 cm Schalendurchmesser
Kat. Nr. 33

76 Bronzespiegel der Fürstin mit goldenen Schiebern am Lederband,
Vorderseite, 11,3 cm Durchmesser
Kat. Nr. 34

77 Zwei Bronzekessel, 45,6 und 29,7 cm hoch
Kat. Nr. 35

78 Steinplatte mit Ritzzeichnung eines röhrenden Hirsches
Kat. Nr. 36

Katalog

Technische Beobachtungen
von Barbara Armbruster

1 Goldener Blechschmuck mit Greifenkopf
(Taf. 1–2)

INV. NR. ARZAN
2/2–7; 2–8
Durchmesser
13,5 cm
Höhe 2,8 cm
Blechdicke 0,5 mm

In Grab 2 fanden sich mehrere Objekte aus Holz, Bronze und Goldblech, allerdings keine Knochen. Insbesondere die Goldarbeiten dieses Inventars bestanden allesamt aus sehr dünnem Blech. Da es sich bei den Fundstücken um Teile eines hölzernen Sattels sowie um Bestandteile des Pferdeschmucks handelte, dürfte dieser Komplex ein symbolisches Pferdegrab darstellen. Insbesondere der goldene Schmuck sowie die offensichtliche Nähe zum Fürstengrab 5 könnten darauf hinweisen, daß hier die rituelle Bestattung eines besonderen Pferdes vollzogen worden war, unter Umständen des Fürstenpferdes.

Wichtigstes Schmuckstück war ein aus mehreren Elementen zusammengesetztes komplexes Ensemble, das als Kopfschmuck des Pferdes konzipiert war. Ein ehemals aus organischem Material gefertigter Aufsatz in Form eines Raubvogels oder Greifen war dabei mit Goldfolie verkleidet.

Zu diesem Pferdeschmuck gehörten mehrere Fragmente aus Goldblech. Eines der Stücke war von einem Raubvogel-, wohl Greifenkopf bekrönt und wies darunter ein Relief mit Schuppenmuster auf, das das Gefieder darstellen dürfte. Diese dünnen Bleche wurden über ein hölzernes Futter gedrückt, das bei der Fertigung die Funktion eines Preßmodels hatte. Ein weiteres großes Blechfragment halbrunder Form, das ebenfalls auf Holz befestigt war, diente als Sockel. Die dünnen Bleche bilden Falten, und die Ränder sind umgebördelt. Von den goldenen Preßblecharbeiten aus dem Fürstengrab 5 unterscheiden sich diese Objekte deutlich durch ihre geringere Materialstärke.

2 Goldblechfische
(Taf. 3–4)

In dem symbolischen Pferdegrab 2 fanden sich ferner drei große, flache Fischfiguren aus Goldblech. Auch sie wurden mit Hilfe eines Meißels aus einem sehr dünnen Goldblech herausgetrennt, wie entsprechende Spuren an den Rändern zeigen.

Die Gestaltung der Fische bedient sich hier minimaler Mittel. Deutlich zu erkennen sind die Augen und Kiemen sowie je vier paarweise angebrachte seitliche Flossen und eine Schwanzflosse. Eine der beiden Fischfiguren ist etwas größer als die beiden anderen.

INV. NR. ARZAN
2/2–1 – 2–3
Länge 22 und 26 cm
Breite 4 und 4,5 cm

3 Hirschfigur aus Goldblech
(Taf. 5, 8)

INV. NR. ARZAN 2/5–1
Länge der Hirschfigur 6,4 cm
Höhe der Hirschfigur 6,9 cm
Breite der Bodenplatte 7 cm

Die Kopfbedeckung des Fürsten aus Grab 5 war mit goldenem Blechschmuck versehen. Als Bekrönung diente dabei die Figur eines Hirsches, der im Zehenspitzengang und in röhrender Haltung, Kopf und Geweih leicht nach hinten geworfen, dargestellt wurde. Die Figur war dabei aus mehreren Goldblechteilen zusammengesetzt. Der aus einem Blechstück bestehende und damit eigentlich flache Hirsch trägt ein zweiteiliges Geweih und zwei Ohren, die ihm im Bereich oberhalb des Kopfes ein dreidimensionales Aussehen verleihen. Ein Teil des Geweihs und ein Ohr wurden dabei aus demselben Blech gearbeitet, aus dem auch der Tierkörper besteht. Die andere Geweihhälfte und das zweite Ohr hatte man aus einem weiteren Blechstück gefertigt.

Die vier im Zehenspitzengang stehenden und gereiht wirkenden Läufe des Hirsches sind auf einer leicht gewölbten Bodenplatte, ebenfalls aus Goldblech, befestigt. Diese Platte endet an beiden Schmalseiten in flügelartigen Gebilden, die stilisierte Greifenköpfe darstellen könnten. Durchbohrungen und Ösen an ihrer Unterseite zeigen, daß sie ursprünglich auf der Kopfbedeckung des Mannes befestigt gewesen war, die aus Leder oder Filz bestanden haben dürfte.

Der Kopf trägt eine beidseitig angebrachte Emailverzierung in Zellenschmelz-Technik mit Einfassungen aus Runddraht. Die einzelnen Dekorelemente sind tropfenförmig und geben Nüstern, Maul, Augen und Unterkiefer wieder. Auch diese Emailelemente verleihen dem Kopf der Hirschfigur, obwohl aus einem Blechstück bestehend, ein dreidimensionales Aussehen.

4 Vier Pferdefiguren aus Goldblech
(Taf. 6–8)

INV. NR. ARZAN 2/5–2
Länge 8,5 cm
Breite 4,6 cm
Dicke 0,4 mm

Vier Pferdefiguren, von denen zwei nach links und zwei nach rechts blicken, dürften in symmetrischer Anordnung zu beiden Seiten der Kopfbedeckung des Fürsten befestigt gewesen sein. Die Pferde wirken wie im Scherenschnitt aus einem geschmiedeten Blech von gleichmäßiger Materialdicke gefertigt. Die Position der untergeschlagenen Läufe verleiht ihnen eine kauernde Haltung. Auf dem Rücken der Pferde lassen sich kleine geschwungene Fortsätze erkennen. Da die deutlich konturierte Mähne der Pferde kurz vor diesen Flügeln endet, dürfte es sich bei letzteren weniger um geschwungene Fortsätze der Mähne als vielmehr um kleine Flügel handeln. Diese kleinen Flügel sowie der Schwanz stehen frei, wogegen die angelegten Läufe miteinander verbunden sind.

Ähnlich wie die Hirschfigur aus Goldblech (Kat. Nr. 3) tragen auch die vier Pferdebleche Emailverzierungen auf der Vorderseite. Die graubläulichen Emaileinlagen wurden dabei in tropfenförmige, von gerolltem Draht umgrenzte Flächen eingebracht, die Ohren, Augen, Nüstern, Maul und Unterkiefer hervorheben sollen. Hinter den Ohren zeigt sich bis zu den kleinen Flügeln hin eine durch drei, in einem Fall vier gravierte Linien markierte Mähne.

Pferde und Hirschfigur verdeutlichen ein und denselben Stil und dürften aus einer Werkstatt stammen. Dafür spricht nicht nur die Art und Weise, wie die Stücke aus Goldblech gearbeitet wurden, auch die tropfenförmigen Emaileinlagen und deren Anordnung zur Betonung anatomischer Details unterstützt diese Sicht. Lediglich die besondere Fertigung des Geweihs und der Ohren verleihen dem Hirsch ein gegenüber den Pferden dreidimensionales Aussehen. Bei der Hirschfigur war dies jedoch auch notwendig, weil sie freistehend auf der Spitze der Kopfbedeckung angebracht war, während man die Pferdebleche seitlich auf ihrer ganzen Fläche befestigt hatte. Dafür sprechen die auf ihrer Rückseite angelöteten Ösen, je acht, die zu zwei Reihen angeordnet waren.

Die Pferdebleche lassen überdies noch geritzte Vorzeichnungen sowie aufgestellte Späne vom Gravieren erkennen. Daß die Späne nicht nachträglich entfernt wurden, könnte darauf hindeuten, daß der Schmuck der Kopfbedeckung wahrscheinlich nur für die Grablegung des Fürsten hergestellt worden war.

5 Goldhalsring
(Taf. 9–13)

Der Mann aus dem Fürstengrab 5 von Kurgan Aržan 2 trug einen massiven, etwa 1,8 kg schweren Goldhalsring. Halsringe dieser Art kennzeichneten bei Skythen und mit ihnen verwandten Reiternomaden den hohen Rang des ihn Tragenden und gelten deshalb als Statussymbol der Oberschicht. Sie wurden dabei ausschließlich von männlichen Anführern getragen, die bedeutende Krieger gewesen sein dürften.

Das Schmuckstück besteht aus einem dicken rundstabigen Ring und einem massiven Frontstück, das einen rechteckigen Querschnitt aufweist. Der Dekor des geschlossenen Ringes zeigt ein flächendeckendes Kerbschnittrelief. Das Stück wurde im Wachsausschmelzverfahren gegossen; den Dekor hatte man anschließend nachbearbeitet und die Oberfläche zusätzlich geglättet.

Die Verzierung besteht aus vier fortlaufenden und übereinander angeordneten Tierfriesen, die sich spiralartig um den Ringkörper winden. Diese Friese sind dabei im Wechsel links- oder rechtsläufig. Dargestellt werden zweihöckrige Kamele (Trampeltiere), Wildschweine, gezäumte Pferde, Ziegen, Schafe und große Raubkatzen sowie ein Hirsch; teilweise sind sie in kauernder Haltung wiedergegeben. Während ihre Blickrichtung innerhalb ein und desselben Frieses – von einer Ausnahme abgesehen – stets beibehalten wird, stehen einige der Tierbilder um 180° gedreht auf dem Kopf, ohne daß sich daraus jedoch eine Regel ablesen ließe.

Der erste Fries wird aus sich abwechselnden Gruppen von drei bis fünf Kamelen und Wildschweinen gebildet, während die beiden Enden des Frieses von Raubkatzen flankiert werden. Im zweiten Fries kommen dagegen nur Ziegen und Schafe, erneut im Wechsel, sowie ein Pferd vor. Der dritte Fries umfaßt alternierende Gruppen von Pferden und Raubkatzen, während Wildschweine sowie die einzige Hirschdarstellung des gesamten Halsringes die Endbereiche zieren. Der vierte Fries setzt sich schließlich aus Ziegen, Raubkatzen und einer Gruppe von Schafen zusammen.

INV. NR. ARZAN 2/5–5
Außendurchmesser des Ringes 23,6 cm
Innendurchmesser 21,2 cm
Außenumfang 72 cm
Länge des Frontstücks außen 16,4 cm
Durchmesser des Ringkörpers 1,2 cm

Etwa ein Viertel des Ringes wird von dem massiven Frontstück mit rechteckigem Querschnitt eingenommen. Es hatte die Form eines Quaders, der gebogen war, um der Form des Ringes zu folgen. Seine vier Oberflächen waren zunächst glatt belassen. Auf die zwei besonders gut sichtbaren Seiten lötete man zahlreiche kleine gegossene Raubkatzenfigürchen auf, von denen jedes nur etwa 8 mm lang war. Auf der Oberseite waren sie zu zwei, auf der Außenseite zu vier parallelen Reihen angeordnet, die jeweils 22 bis 23 solcher Raubkatzen umfaßten, von denen nur eines auf der Vorderseite fehlt. Gegenüber den zahllosen anderen Raubkatzenfigürchen aus dem Fürstengrab unterscheiden sich diejenigen vom Frontstück des Halsringes besonders durch ihre weiter geöffnete Beinhaltung. Auf der glatten Innenseite dieses gebogenen Quaders ist ein eingeritztes W- oder M-förmiges Zeichen zu erkennen, möglicherweise eine Kennzeichnung des Besitzers.

6 Goldene Appliken in Form von Raubkatzen vom Umhang (Taf. 14–17)

Die Figuren in Form von Raubkatzen zählen neben den kleinen Perlen zu den häufigsten Goldobjekten aus Fürstengrab 5. Ihre Mehrzahl ist dabei gegossen und mit Kerbschnitt verziert. Beim Kleidungsbesatz des Mannes kommen insgesamt 2.632 solcher raubtierförmigen Appliken vor, die allesamt gegossen waren.

Die kleinen Tierfiguren sind im Relief dargestellt, wobei viele Details, wie Ohren, Augen, Maul, Klauen oder Schwanz, sehr realistisch wiedergegeben werden. Auch die plastische Gestaltung der übrigen Körperpartien wirkt sehr lebensecht. Sämtliche Raubtierfiguren wirken identisch und wie in ein und derselben Gußform hergestellt. Dennoch lassen sich aufgrund ihrer Blickrichtung zwei Grundformen unterscheiden: 1.122 Raubkatzen sind nach rechts ausgerichtet, die übrigen 1.510 dagegen linksorientiert. In der künstlerischen Ausführung ergeben sich hingegen keinerlei Unterschiede.

Die Raubkatzen waren rückseitig im Bereich des Rumpfes hohl gearbeitet und mit zwei oder drei kleinen bandförmigen Ösen versehen, die man durch Löten befestigt hatte. Die Ösen gestatteten es, diese Appliken auf einem Stoff- oder Ledergewand anzubringen. Dabei dürfte es sich aufgrund der genauen Fundlage der Stücke um eine Art Umhang gehandelt haben, der etwa hüftlang war, einen kurzen Stehkragen besaß und im Armbereich etwa bis zu den Ellbogen reichte, aber vermutlich keine Ärmel hatte. Auf diesem Umhang wurden die raubkatzenartigen Appliken in kurvolinearer Anordnung aufgenäht, wobei sie flügel- oder spiralhakenartig wirkende Motive zu bilden scheinen, ein Muster, das auch an zahllosen anderen goldverzierten Objekten wiederkehrt und möglicherweise als stilisierter Greifenkopf mit einer Kombination aus gebogenem Raubvogelschnabel und Auge gedeutet werden kann.

Die Rückseite der Appliken wurde mit der rauhen Gußhaut belassen, während man das Relief der Vorderseite nach dem Guß sorgfältig geschabt und mit Meißel und Stichel nachgearbeitet hatte. Vermutlich wurden auch diese Raubtier-

INV. NR. ARZAN 2/5–7
Länge 2,1 cm
Breite 1,1 cm
Dicke 0,4 cm

figuren im Wachsausschmelzverfahren hergestellt, wobei man die zugrundeliegenden Wachsmodelle in zweiteiligen Formen gefertigt haben könnte.

7 Granulierte Goldperlen
(Taf. 18)

Im Brustbereich des Fürsten fanden sich vier kleine goldene Hohlperlen. An ihrem oberen Ende war zur Aufhängung jeweils eine bandförmige Öse angelötet. Die Perlen selbst bestehen aus zwei nachträglich zusammengesetzten Blechhalbkugeln. Sie wurden außen mit Flächengranulation und Filigran aus gerolltem Draht ornamentiert. Jeweils mehrere tropfenförmige Aussparungen verteilen sich über ihre Außenfläche und waren mit Email ausgefüllt. Aufgrund ihrer geringen Größe und gleichzeitig sehr komplexen Verzierung handelt es sich auch bei diesen Goldblechperlen um Meisterwerke der Goldschmiedekunst jener Zeit.

INV. NR. ARZAN 2/5–10
Durchmesser 0,6 cm

8 Eiserner Dolch mit Goldeinlagen
(Taf. 19–21)

INV. NR. ARZAN 2/5–12
Länge des Dolches 38,8 cm
Breite des Griffabschlusses 7,6 cm
Dicke des Griffes 3,2 cm
Breite der Klinge 5,7 cm
Dicke der Klinge 2 cm

Der Fürst trug an seiner rechten Hüftseite einen eisernen Dolch, der zum Zeitpunkt der Ausgrabung noch in einer hölzernen Scheide steckte und im Block geborgen wurde. Das Eisen war stark korrodiert und hatte die hölzerne Scheide nahezu vollständig zersetzt. Bei der Restaurierung zeigte sich, daß der eiserne Griff des Dolches und der Mittelteil seiner eisernen Klinge mit Goldeinlagen verziert waren. Die ganze Waffe bestand aus einem Stück Eisen und war aufgrund der Goldeinlagen von Anfang an zweifarbig geplant. Unter dem Einfluß der Korrosion lassen sich im Bereich des Griffes verschiedene Schichtungen erkennen, was darauf hindeuten könnte, daß das Stück möglicherweise aus mehreren Lagen zusammengeschweißt wurde.

Die Motive auf Griff und Klinge zeigen eine charakteristische Kombination sehr detailreicher und naturgetreu ausgeführter Tierdarstellungen sowie abstrakterer Flügel- oder Spiralhakenmuster, möglicherweise stilisierte Greifenköpfe, die eine komplexe, prachtvolle Ornamentik entstehen lassen.

Der Griff des Dolches besitzt ein plastisches Relief, das die Grundgliederung der Verzierung bereits vorgibt. Überwiegend fadenartige Goldinkrustationen arbeiten dann die Einzelheiten der Motive deutlicher heraus. Vorder- und Rückseite des Griffes wurden dabei in identischer Weise verziert.

Heft und Griffabschluß sind gerundet gestaltet und haben ovale Form. In den äußeren Rundungen sitzen jeweils einander zugewandte Raubkatzen mit aufgerissenem Maul, wobei die Goldeinlagen Augen, Ohren, Tatzen und andere Details dieser eingerollten Raubkatzen erkennen lassen. Aufgrund ihrer gestreiften Innenzeichnung dürfen sie als Tiger anzusprechen sein. Zwischen diesen antithetisch gruppierten Tigern ist jeweils ein stark stilisiertes Huftier, offenbar ein Beutetier, auszumachen, das sich zwar nicht eindeutig bestimmen läßt, aufgrund des deutlich zu erkennenden Gehörns jedoch am ehesten einer Ziege ähnelt; auch Vorder- und Hinterläufe sind dargestellt. Der Körper selbst ist dagegen aus mehreren flügelartigen Spiralhaken zusammengesetzt.

Direkt unterhalb des Griffabschlusses, bereits auf der Griffplatte, wiederholt sich diese Darstellung mit einer Ziege zwischen zwei Tigern in ähnlicher, aber deutlich verkleinerter Komposition. Darunter folgen bis zum Heft drei parallele Reihen aus je zwei kauernden Tierkörpern, wobei die beiden äußeren Reihen aus je zwei aus mehreren Spiralhaken zusammengesetzten Huftieren aufgebaut sind, während in der Mitte nur eines davon, nämlich eine Ziege, vorkommt, und es sich bei dem zweiten Tier wiederum um einen Tiger handelt. Weitere, erheblich kleinere Tierreihen dieser Art (Raubkatzen und Ziegen bzw. nicht näher bestimmbare Huftiere im Wechsel) zieren die Schmalseiten des Griffes und folgen dabei auch der gerundeten Kontur von Heft und Griffabschluß.

Ein im Stil der Ornamentik des Griffes plastisch gestalteter Tierfries ziert die Mittelrippe der Klinge und setzt sich direkt in der Mitte des Griffes fort. Ähnlich wie im Griffbereich wechseln auch hier aus dünnen Goldfäden erzeugte Tiger mit andersartig, weil flächiger inkrustierten Huftieren (teilweise als Ziegen anzusprechen) einander ab. Dieses Band reicht damit vom unteren Drittel der Klinge durch den gesamten zentralen Teil der Waffe bis in den Griffabschluß. An Heft und Griffabschluß wird dasselbe Motiv dann um 90° gedreht und in antithetischer Gruppierung von zwei Tigern mit einer Ziege dazwischen wiedergegeben. Die gesamte Ornamentik des Dolches ist dadurch entlang mehrerer, im rechten Winkel zueinander stehender Achsen aufgebaut.

Diese als durchlaufender Tierfries gestaltete Mittelrippe wird im Bereich der Klinge zu beiden Seiten von je einem Zierband aus im Wechsel zueinander verdreht dargestellten Spiralhaken begleitet, bei denen es sich um stilisierte Greifenköpfe (Raubvogelschnabel und Auge) handeln könnte. Sie bestehen aus flach ausgeführten Goldeinlagen, die glatt mit der Oberfläche abschließen.

9 Eisernes Ringgriffmesser mit beidseitigen Goldeinlagen
(Taf. 22–23)

INV. NR. ARZAN 2/5–13
Länge des Messers
28,8 cm
Breite des Ringgriffs
3,5 cm
Breite der Klinge
2 cm
Dicke des Griffs
0,6 cm

In der hölzernen Scheide, die der Fürst an seiner rechten Hüftseite trug, kamen bei der Restaurierung des im Block geborgenen Objektes neben einem prachtvollen Dolch (Kat. Nr. 8) auch zwei eiserne Ringgriffmesser mit prunkvollen Gold einlagen im Griffbereich zum Vorschein.

Das eine der beiden Messer war am Griff nahezu vollständig mit Goldeinlagen verziert: auf der Vorder- und Rückseite sowie an den beiden Schmalseiten und dabei auch den ringförmigen Griffabschluß umgebend. Vorder- und Rückseite des Griffes hatten die Grundgliederung der Ornamentik bereits in einem flachen Relief vorgegeben, auf das dann die Goldauflagen aufgebracht wurden. Die Verzierung selbst besteht aus mehreren langgezogenen, V-förmig gegabelten Motiven, die ineinandergesteckt wirken. Diese V-förmigen Gebilde sind abwechselnd entweder aus stilisierten Schafen zusammengesetzt, wie das deutlich sichtbare Gehörn erkennen läßt, oder weisen eine spiralartige Innengestaltung auf. Ein ähnliches Spiralmuster verläuft auch entlang der Schmalseiten des Griffes, doch wurde es dort in etwas anderer Form umgesetzt und flächiger inkrustiert.

Die untere Hälfte des Messers besteht aus der eigentlichen Klinge. Sie ist unverziert, läuft nach unten hin spitz zu und biegt sich dabei leicht nach innen.

10 Eisernes Ringgriffmesser mit einseitiger Goldeinlage
(Taf. 22–23)

Das zweite in der hölzernen Scheide an der rechten Hüftseite des Fürsten steckende eiserne Ringgriffmesser war nur auf der Vorderseite des Griffes mit Goldeinlagen verziert. Die sehr flachen und glatt mit der umgebenden Oberfläche abschließenden Inkrustationen geben eine komplexe Spiralornamentik aus untereinander verbundenen Spiralhaken wieder, die wie zwei parallel laufende und kaum voneinander zu trennende Wellenbänder wirken. Eine sehr ähnliche Ornamentik findet sich auch auf der Klinge des Eisendolches der Frau (Kat. Nr. 28) sowie auf dem Streitpickel (Kat. Nr. 13).

Der ringförmige Griffabschluß ist etwas größer als bei dem Stück mit beidseitig goldinkrustiertem Griff (Kat. Nr. 9), weist jedoch keine randlichen Einlagen auf. Die unverzierte Eisenklinge des Dolches läuft annähernd gerade nach unten hin spitz zu.

INV. NR ARZAN 2/5–14
Länge des Messers
24,1 cm
Breite des Ringgriffs
3,4 cm
Breite der Klinge
1,6 cm
Dicke des Griffs
0,5 cm

11 Goldene Schieber vom Dolchriemen
(Taf. 24)

INV. NR. ARZAN
2/5–15; 5–16; 5–17
Breite und Höhe des länglichen Schiebers
3,5 und 1,2 cm
Breite und Höhe der schmalen Schieber mit glatter Rückseite
1,7 und 1,2 cm
Breite und Höhe der schmalen Schieber mit umlaufender Verzierung
1,6 und 0,7 cm

Im Beckenbereich des Fürsten fand sich verschiedener goldener Zierrat, der zum Dolchriemen gehörte. Alle Stücke waren im Wachsausschmelzverfahren gegossen und trugen eine Verzierung aus unterschiedlichen Tierkörpern, die mitgegossen und anschließend noch nachgearbeitet worden waren.

Zu den Einzelstücken zählt ein länglicher Schieber für einen breiten Riemen (Taf. 24 oben). Er war umlaufend mit Tierkörpern verziert; drei befanden sich an jeder Längsseite. Dabei handelte es sich jeweils um zwei Raubkatzen, die von beiden Seiten ein Schaf erlegen. Die beiden Raubkatzen sind zueinander um 180° gedreht, so daß eine von beiden – aus welcher Perspektive man die Szene auch betrachten mag – immer auf dem Kopf steht.

Sieben weitere Schieber waren für erheblich schmalere Riemen gedacht und wurden wie breite, ovale Ösen gearbeitet. Auch sie waren tierstilverziert. Vier dieser ösenartigen Riemenschieber wiesen jedoch nur auf einer Seite die Figur einer kauernden Raubkatze auf, die Rückseite war glatt belassen (Taf. 24 Mitte). Das tierförmige Relief wurde dabei auf eine vorgeformte Öse aus dickem Goldblech aufgegossen. Drei weitere Schieber waren umlaufend mit einem Relief versehen (Taf. 24 unten), das sich aus zwei Tieren zusammensetzt, und zwar aus einer Raubkatze, die von vorne kommend eine Ziege reißt. Die Vorderseite dieser Schieber zeigt dabei die beiden in Aktion befindlichen Köpfe der Tiere, die Rückseite ihre aneinanderstoßenden Hinterteile.

12 Schmuckplatten vom Dolchriemen
(Taf. 25)

INV. NR. ARZAN
2/5–18; 5–19
Länge 4,8 cm
Breite 2,9 cm

Zwei S-förmig gebogene Schmuckplatten mit einem größeren, gerundeten Teil und einem geschwungenen, spitz zulaufenden Fortsatz bildeten die Abschlußelemente auf dem Dolchriemen des Fürsten. Beide Stücke waren im Wachsausschmelzverfahren massiv gegossen. Die gewölbten Schmuckplatten und die Befestigungselemente auf ihrer Rückseite wurden getrennt gefertigt und durch Löten miteinander verbunden. Die Befestigungselemente hatte man dabei jeweils auf der Rückseite des größeren, gerundeten Teils der Platten angebracht. Beide Male handelte es sich um Stutzen rechteckigen Querschnitts, die einmal in einer bandförmigen Öse, im anderen Fall in einer tropfenförmig gestalteten Platte endeten.

Während die Rückseiten beider Exemplare eine starke Gußhaut aufwiesen, wurden die gewölbten Vorderseiten sorgfältig nachbearbeitet und dabei mit Punzen ziseliert und mit Meißel und Schaber nachgeschnitten. Beide Platten wurden am Rand von einem horizontal ausgestellten schmalen Rand umgeben, der gezackt wirkt, wobei das Muster aber stark stilisierte, aneinandergereihte Greifenschnäbel darstellen könnte, jedenfalls kehrt dieses Motiv in ähnlichen Ausprägungen auch an anderen Objekten dieses Inventars wieder.

Die gewölbten Partien der beiden Platten sind mit eng aneinandergedrängten Tierkörpern verziert und in ihren Darstellungen nahezu identisch. Dies könnte darauf hinweisen, daß die Schmuckplatten in ein und derselben Form hergestellt wurden, ehe man die unterschiedlichen Befestigungselemente auf den Rückseiten anlötete. Keines der Tiere auf den Vorderseiten hebt sich besonders hervor, sie sind auch weitgehend ähnlich groß dargestellt. Inhaltliche, als szenisch zu deutende Zusammenhänge gibt es zwischen diesen Tieren nicht; die verschiedenen Körper stehen vielmehr nahezu verbindungslos nebeneinander. Zu identifizieren sind Raubkatzen, Schafe, Ziegen, Wildschweine und nicht näher zu bestimmende Huftiere (möglicherweise Hirschkühe).

13 Eiserner Streitpickel mit Goldeinlagen

(Taf. 26)

Zur Linken des Fürsten lag zwischen dem Goryt und der Wand der Grabkammer ein Streitpickel. Er war ursprünglich an der Kammerwand befestigt, von der er später auf den Grabboden herabgefallen war. Streitpickel gehörten zur Standardbewaffnung skythischer Krieger. Sie bestanden aus einem axtförmigen Pickel aus Bronze oder Eisen, der mit einem langen Holzstiel geschäftet war. Das untere Ende dieses Stiels war meist in ein ebenfalls metallenes Endstück eingeschoben, das im hier vorliegenden Fall jedoch vollkommen korrodiert war und nicht mehr rekonstruiert werden konnte.

Von dem Streitpickel des Fürsten aus Grab 5 war noch der ca. 63 cm lange Holzstiel mit ovalem Querschnitt erhalten. Der Pickel selbst bestand aus Eisen und war so stark korrodiert, daß sich seine Einzelteile während der Restaurierung nur mehr teilweise zusammensetzen ließen; einige Partien waren vollständig vergangen. Der Pickel hatte einen längeren, rundstabigen Arm, der in einer Spitze mit rhombischem Querschnitt endete, sowie einen deutlich kürzeren Nacken auf der anderen Seite des Schaftloches; dies entsprach ihrer Standardform.

Das ovale Schaftloch war nur um etwa 0,5 cm nach oben und immerhin fast 2 cm nach unten hin verlängert. Im Winkel zwischen dem längeren Pickelarm und der unteren Schaftlochverlängerung ist ein Zierelement zu erkennen, das das Auge und den raubvogelartigen Schnabel eines Greifen wiedergibt; dieses Motiv ist – an ebendieser Stelle angebracht – ein typisches Merkmal der meisten südsibirischen Streitpickel der Skythenzeit.

Während sich die Formgebung des Streitpickels also kaum von den zahllosen anderen, in der Regel aus Bronze hergestellten Stücken Südsibiriens unterscheidet, so macht die Verzierung das Stück aus Grab 5 jedoch zu einer Besonderheit: Der gesamte Pickel, und zwar der Arm ebenso wie der Nacken und die Schaftlochverlängerung, wurden flächendeckend mit Goldeinlagen verziert, die ein ineinandergeschachteltes Spiral- und Wellenbandornament entstehen lassen, das stilistisch dem Muster des einseitig inkrustierten Ringgriffmessers (Kat. Nr. 10) stark ähnelt.

INV. NR. ARZAN 2/5–33
Länge mindestens 22 cm
Breite 4 cm
Höhe 4,2 cm
Innenmaße des Schaftlochs 3,2 x 2,2 cm

14 Köcher aus Goldblech
(Taf. 27, 28, 41)

INV. NR. ARZAN 2/5–25
Maße des Längsblechs:
Länge 70 cm
maximale Breite 5,3 cm
Länge des hakenförmig umgebogenen Endes 16 cm
Dicke des Bleches ca. 0,3 mm
Maße des Bodenstücks:
Länge 17 cm
maximale Breite 9,8 cm
Höhe 0,9 cm
Dicke des Bleches 0,3 mm

Zur Linken des Fürsten lagen die Reste eines Köchers auf dem Boden der Grabkammer. Ursprünglich hing dieser an der dem Toten gegenüberliegenden Kammerwand, von wo er später herabgefallen war. Köcher waren charakteristischer Bestandteil der Waffenausstattung skythischer Krieger. Befunde in Gräbern und Darstellungen von Kriegern aus verschiedenen Teilen der eurasischen Steppe weisen darauf hin, daß diese Köcher an der linken Hüftseite getragen wurden, an der sie mittels eines Tragegurts befestigt waren.

Im Köcher befanden sich die Pfeile; wurde auch noch der Bogen dort eingesteckt, so spricht man von einem Goryt. Die Befundsituation in Fürstengrab 5 läßt keinen Zweifel daran, daß sich ein aus mehreren Teilen zusammengesetzter und an seinen Enden mit Goldblechen verzierter Bogen, in einem gesonderten Etui steckend, ebenfalls in diesem Behältnis befand, so daß auch der Köcher dieses Inventars als Goryt bezeichnet werden kann.

Der Goryt bestand aus zwei Teilen, einem Längsblech und einem Bodenstück. Beide sind aus Goldblech gefertigt, weisen eine schuppenartige Reliefverzierung auf und wurden über einem geschnitzten Holzrelief im Preßblechverfahren hergestellt. Das Zierblech der Längsseite ist schmal, am oberen Ende von außen her abgerundet, biegt unten in einem annähernd rechten Winkel um und läuft anschließend spitz zu. Dieses hakenartige Ende des Längsbleches wurde in das zweite Blech, das Bodenstück, eingepaßt.

Das plastische Schuppenmuster, das das Längsblech gleichmäßig überzieht, wird an den Längsseiten von glatten Wülsten begrenzt; an den Biegungen haben sich durch das Umschlagen des Randes Falten gebildet. Das ebenfalls mit einem Schuppenmuster über einem Preßmodel gestaltete Bodenstück dreieckiger Grundform ist in den Randbereichen aufgebogen; hier setzten die Seitenwände des Köchers an. Die Breite des das Bodenstück umgebenden Wulsts gibt die Dicke des ehemaligen hölzernen Futters des Goryts an.

Die nicht aus Goldblech gefertigten und nicht mehr erhaltenen Teile des Köchers bestanden aus Holz; Reste dieses Holzfutters steckten noch im Längsblech des Goryts. Vermutlich war diese Holzverkleidung des Goryts noch mit Stoff oder Leder bespannt, auf dem dann goldene Zierstücke in Form von Eberfiguren (Kat. Nr. 15) befestigt waren.

15 Goldene Eberfigürchen vom Köcher

(Taf. 29–30)

INV. NR. ARZAN 2/5–26; 5–27
Länge der größeren und der kleineren Eberfigürchen 2,6 und 2,1 cm
Dicke 1,6 und 1,2 cm

Insgesamt 312 aus Gold gegossene Appliken in Form von Eberfigürchen waren in Längsreihen auf dem Holzfutter des Goryts befestigt. Dabei lassen sich zwei Varianten unterscheiden. Die größeren Eberfigürchen (244 Stück) blickten nach rechts und besaßen je drei kleine bandförmige Ösen, die auf der Rückseite angelötet waren. Die etwas kleinere Abart mit zwei Ösen (68 Exemplare) war dagegen nach links gerichtet.

Trotz ihrer geringen Größe lassen die Eberfigürchen eine erstaunlich detailreiche Darstellung erkennen. Schnauze, Auge und Ohr sind deutlich herausgearbeitet, Entsprechendes gilt für Nackenkamm, Schwanz und Vorder- und Hinterlauf. Die Haltung der Eber scheint sie in Bewegung zu zeigen.

16 Eisenpfeilspitzen mit Gold- und Silbereinlagen

(Taf. 31–32)

INV. NR. ARZAN 2/5–31
Länge (ohne Tülle) 2,3–4,2 cm
maximale Breite 1,1 cm

Im Köcher befanden sich zahlreiche Pfeile mit dreikantigen Eisenspitzen und langen hölzernen Schäften. Die Schäfte waren im Durchschnitt etwa 50 cm lang und am Ende gegabelt, um sicheren Halt in der Sehne des Bogens zu finden. Farbreste weisen außerdem darauf hin, daß diese Holzschäfte ursprünglich bemalt gewesen waren, wobei es sich offenbar um alternierende rötliche und dunkelblaue bis schwarze Bänder handelte.

Die eisernen Pfeilspitzen im Unterteil des Köchers waren zum überwiegenden Teil sehr stark korrodiert und dabei zu einem Block „verbacken", der sich auch bei der Restaurierung nur mehr teilweise in seine einzelnen Bestandteile zerlegen ließ. Lediglich 26 Spitzen konnten dabei herausgelöst werden. Dabei handelte es sich ausschließlich um dreikantige Typen mit Schäftungstülle; diese Tülle war meist nur mehr im Ansatz, bisweilen aber auch bis maximal 4,5 cm Länge erhalten. Ob geringfügige Unterschiede in der Länge der Pfeilspitzen mit der ursprünglichen Form zusammenhingen oder nur das Ergebnis von Korrosionsvorgängen sind, läßt sich nicht mehr eindeutig entscheiden.

Sämtliche der restaurierbaren Pfeilspitzen waren mit Gold- und Silberinkrustationen verziert. Man wird deshalb mit Recht davon ausgehen dürfen, daß ursprünglich alle Spitzen ornamentiert waren. Die meisten wiesen auf jeder ihrer drei Seiten jeweils zwei Flügel- bzw. Spiralhakenmuster auf. Dabei wurde diese Verzierung bewußt zweifarbig konzipiert, denn stets ist nur eines der Spiralmotive in Gold inkrustiert, während das jeweils andere aus Silbereinlagen besteht. In ihrer technischen Ausführung sind diese Pfeilspitzen sehr gut mit den goldinkrustierten Dolchen und Messergriffen dieser Bestattung vergleichbar.

Eine Pfeilspitze unterscheidet sich jedoch von allen anderen (Taf. 32 oben). Alle drei Seiten besitzen eine äußerst qualitätvolle Darstellung, die gleichsam negativ erzeugt wurde: Die Goldauflage spart dabei exakt jene Bereiche der eisernen Unterlage aus, die die Einzelheiten des Bildes wiedergeben. Dadurch wirken nur der Hintergrund der Darstellung sowie die Außenkonturen und weitere Einzelheiten der Innenzeichnung golden, während das Bild selbst aus dem durch die Goldauflage durchscheinenden eisernen Hintergrund entsteht. Die Darstellung zeigt einen Raubvogel, wohl einen Adler, mit zurückgewandtem Kopf, dessen Krallen den Kopf einer Ziege zu ergreifen scheinen. Sowohl der Adler als auch der Ziegenkopf werden dabei mit erstaunlich vielen Details wiedergegeben.

17 Goldbeschläge von Bogen und Bogenfutteral

(Taf. 33–34)

Unter dem Köcher kamen hölzerne Reste eines Bogens zum Vorschein, der von hinten in den Köcher eingesteckt war, weshalb es sich bei letzterem um einen Goryt gehandelt hatte. Möglicherweise befand sich der Bogen in einem Futteral, das jedoch kaum mehr erhalten war. Bogen und Futteral waren mit verschiedenen goldenen Zierstücken versehen, deren genaue Position und Funktion jedoch nicht mehr zu erschließen ist.

Auf dem Bogen selbst schienen verschiedene schmale und breitere Goldblechstreifen befestigt gewesen zu sein (Taf. 34). Ebenfalls zur Bogenzier gehörten sechs aus Goldblech geschnittene flammenförmige Beschlagstücke, die unterschiedlich breit sein können, in ihren sonstigen Abmessungen jedoch – ein größeres Exemplar ausgenommen – weitgehend übereinstimmen. Hinzu kommen ein flügelartiges Blech sowie ein kleines gewölbtes Blech mit Fortsatz (Taf. 34). Mehrere kleine, kurvolinear gestaltete Goldblechstücke ließen sich zu einem schmalen, hochaufragenden Hirschgeweih zusammensetzen; an seinem unteren Ende zeigt sich ein deutlich erkennbarer Hirschkopf mit Maul, Auge, Ohr und Halsansatz (Taf. 33).

INV. NR. ARZAN
2/5–29; 5–30
Maße der flammenartigen Bleche:
Breite 2,8–5,2 cm
Höhe 3–4 cm
Maße des Hirschkopfes mit Geweih:
Höhe 9,9 cm
Breite 4 cm

18 Goldene Riemenzier vom Tragegurt des Köchers
(Taf. 35–38, 41)

Unter und neben dem Köcher lagen zahlreiche goldene Zierstücke vom Tragegurt des Goryts. Ihre genaue Anordnung auf dem Gurt läßt sich nur mehr teilweise rekonstruieren und muß weitgehend Vermutung bleiben. Der Zierrat gliedert sich in Schieber, Riemenzungen und Abschlußelemente. Die Stücke wurden im Wachsausschmelzverfahren gegossen und bestehen aus massivem Gold. Die Zierelemente waren schon im Wachsmodell mit Durchbrüchen versehen, die durch das Muster vorgegeben sind. Sie sind auf der Vorder- wie auf der Rückseite im Kerbschnittverfahren ausgeführt und zeigen deutliche Spuren von Nachbearbeitung durch Schaben und Ziselieren. Bisweilen wirken die Stücke auch ausgesprochen unfertig, was darauf hinweisen könnte, daß sie nicht für den Gebrauch im täglichen Leben, sondern ausschließlich für die Grablege gefertigt wurden.

Den Tragegurt des Goryts zieren zahlreiche rechteckige Schieber mit Spiralmustern auf der Vorder- und Rückseite, die in drei verschiedenen Größen vorkommen (Taf. 35). Die größeren (29 Stück) und mittleren (42 Exemplare) besitzen vorne wie hinten je sechs durch Haken untereinander verbundene Spiralen, wogegen bei den kleineren (12 Stück) nur deren vier vorkommen. Von den 29 größeren spiralverzierten Riemenschiebern weisen sechs Exemplare auf einer Seite in der Mitte einen rosettenförmigen Zierknopf auf, was es ermöglichte, etwas am Riemen zu befestigen.

Zwei Stücke mit einer den Schiebern entsprechenden durchbrochenen Spiralornamentik waren jeweils auf einer Seite halbrund als Riemenabschluß gearbeitet (Taf. 35). Eines der beiden Exemplare besaß zudem einen spiralförmigen Fortsatz, der Schnabel und Auge eines Greifenkopfes symbolisieren könnte.

Zur Riemengarnitur gehören ferner drei Riemenzungen (Taf. 36 unten), die oben mit einer rechteckigen Öffnung beginnen, an der der Riemen befestigt gewesen sein müßte; daran schließt sich jeweils ein ovaler Durchbruch sowie erneut ein an Schnabel und Auge eines Greifenkopfes erinnerndes Spiralmotiv an, das mit dem Fortsatz eines der beiden halbrunden Riemenabschlußstücke mit durchbrochener Spiralzier nahezu identisch ist.

Als Verschlußstück dieses Riemens gilt ein omegaförmig gebogener Ring, der in zwei nach außen blickenden, sehr gut ausgearbeiteten und plastisch wirkenden Greifenköpfen endet (Taf. 36 oben). Auf seiner Rückseite hatte man im Bereich dieser Greifenköpfe zwei verzierte tropfenförmige Knopffortsätze zur Befestigung des Riemens angebracht. Arbeitsspuren auf der Oberfläche zeigen, daß dieses Stück unter Verwendung von Meißeln, Sticheln und Schabern erheblich nachbearbeitet wurde.

Hinzu kommen noch 19 kegelstumpfförmige Riemenelemente mit konischem Innendurchzug (Taf. 37–38), von denen 13 auf der Außenseite eine mitgegossene und nachgearbeitete Tierstilornamentik aufweisen. Drei kleinere Stücke sind außen glatt. Die Verzierung der größeren Exemplare (Taf. 37–38) kann aus gereihten Ziegen, Ziegen- oder sogar Antilopenköpfen sowie stilisierten Greifenköpfen (mit gebogenem Raubvogelschnabel und Auge) bestehen. In entgegengesetzter Richtung auf einen Riemen gezogen, ergeben diese Stücke doppelkonische Perlen, doch ist ihre tatsächliche Position auf dem Riemen aufgrund der Befundsituation nicht eindeutig zu klären.

INV. NR. ARZAN
2/5–34 – 5–38;
5–40 – 5–44
Maße der größeren, mittleren und kleineren rechteckigen Schieber:
Länge 4 bzw. 3,4 bzw. 2 cm
Breite 1,8 bzw. 1,4 bzw. 1,2 cm
Maße der halbrunden Riemenabschlußstücke:
Länge 2,3 und 4,4 cm
Breite 3,7 und 3,9 cm
Maße der Riemenzungen:
Länge 4,4 cm
Breite 2,5 cm
Maße des Verschlußstückes:
Breite 4,4 cm
Höhe 4 cm
Maße der größeren und kleineren kegelstumpfförmigen Riemenelemente:
Höhe 1,7 bzw. 0,6 cm
Durchmesser 3,3 bzw. 1,2 cm

19 Goldener Stift mit Schafsfigur
(Taf. 39–41)

INV. NR. ARZAN 2/5–45
Länge 7,8 cm
Durchmesser des Schaftes 0,5 cm
Breite der Schafsfigur 1,7 cm

Im Bodenbereich des Köchers fand sich ein kurzer, dicker Stift, der von einer Schafsfigur bekrönt wird. Möglicherweise diente er zur Fixierung des Köcherbodens oder zur Verbindung des Köchers mit dem Tragegurt, ohne daß sich seine wirkliche Funktion jedoch eindeutig rekonstruieren läßt.

Auf der Rückseite des als Schafsfigur gestalteten Kopfes war eine breite Bandöse angebracht. Nadel mitsamt Öse und Tierfigur hatte man in einem Stück im Wachsausschmelzverfahren gegossen. Die Schafsfigur wurde auf der Vorderseite plastisch ausgearbeitet und war auf der Rückseite plan. Die Nadel war damit von Anfang an mit einer Vorder- und einer Rückseite konzipiert worden. Figur und Schaft wurden nachträglich mit Schabern und Punzen nachbearbeitet.

20 Bronzespiegel
(Taf. 42)

Zur Linken des Verstorbenen, und zwar direkt vor seinem ursprünglich nach links blickenden Gesicht, lag ein bronzener Spiegel auf dem Boden der Grabkammer. Geringe organische Reste auf der Rückseite des Spiegels deuten darauf hin, daß er sich ehedem in einem Lederetui befunden haben dürfte, das jedoch weitgehend vergangen war.

Der aus Bronze gegossene Spiegel besitzt einen kurzen, rechteckig nach hinten umgeknickten Rand sowie eine breite und mit drei Längsrippen versehene Öse in der Mitte der Rückseite. In dieser Öse war noch der Rest eines etwa 10 cm langen Lederbandes befestigt, das mit insgesamt 12 Blechschiebern mit leicht ausgebildetem Mittelgrat verziert war. Diese Schieber hatte man paarweise aufgeschoben, weil je zwei immer direkt nebeneinanderlagen, während zum nächsten Paar ein etwas größerer Abstand vorlag. Je drei Paare waren aus Gold- sowie Elektronblech gefertigt, die alternierend auf den Lederriemen aufgeschoben wurden.

INV. NR. ARZAN 2/5–24
Durchmesser 7,7 cm
Höhe des Randes 0,8 cm

21 Goldbleche von der Kopfbedeckung
(Taf. 43–48)

Zum goldenen Schmuckensemble von der Kopfbedeckung der Fürstin gehören eine ziselierte Raubkatze und drei durchbrochen gearbeitete Objekte; bei letzteren handelt es sich um zwei Pferdefiguren und einen stilisierten Greifenkopf. Ihre Fundlage gestattet es nicht, die Stücke in ihrer exakten Position auf der Kopfbedeckung der Fürstin zu rekonstruieren.

Die große, nach rechts gerichtete Raubkatzenfigur (Taf. 43, 48) scheint auf den ersten Blick wie die kleineren Exemplare vom Umhang der Fürstin (Kat. Nr. 26) gearbeitet zu sein und sich nur durch ihre Größe von diesen zu unterscheiden. Bei genauerer Untersuchung zeigen sich jedoch Werkzeugspuren von Modellierpunzen. Die Raubkatzenfigur wurde also durch Ziselieren in ihre gewölbte Form gebracht. Man hatte sie damit weder gegossen noch in Preßblechtechnik gefertigt, wodurch sie sich auch in technischer Hinsicht deutlich von den in Serienproduktion erzeugten Stücken unterscheidet. Ebenso hatte man Auge, Maul, Ohr, Schwanz und Klauen ziseliert. Zur Befestigung der Raubkatze aus Goldblech dienten drei kleine bandförmige Ösen auf der hohlen Rückseite sowie zwei Perforationen im Bereich der Klauen.

Die beiden Pferdefiguren (Taf. 45, 46, 48) bestehen aus einem planen geschmiedeten Blech. Die Konturen hatte man dabei durch Meißeln herausgetrennt. Zierlinien und Durchbrüche wurden ebenfalls durch Gravieren und Meißeln erzeugt. Die durchbrochen gearbeitete Mähne läuft jeweils in einem geschwungenen Ende aus. Schwanz und Läufe sind mit dem Gestaltungsmittel der Durchbruchstechnik betont und vom Rumpf getrennt, mit dem sie allenfalls zur zusätzlichen Stabilisierung durch einen schmalen Steg verbunden sein können. Gemeißelte und gravierte Linien konturieren bei beiden Pferdeblechen Maul, Nüstern, Augen und Schwanz, vor allem die Ohren sind besonders detailreich herausgearbeitet.
Die Mähne wurde durch drei parallele Linien von je vier länglichen Durchbrüchen gestaltet.

Die tropfenförmig gezeichneten Augen, Nüstern und Mäuler sowie die Gesamtform des Kopfes wie des Schwanzes und die Grundhaltung der Pferde mit ihren unter den Bauch geschlagenen Läufen machen sie mit den vier goldenen Pferdeblechen vom Kopfschmuck des Fürsten (Kat. Nr. 4) vergleichbar, auch wenn sie technisch teilweise anders gearbeitet wurden.

Jedes der beiden Pferdebleche trug auf der Rückseite sechs angelötete Bandösen, die in zwei Reihen angeordnet waren, eine horizontal in der Körpermitte, die andere an den untergeschlagenen Läufen. Dies zeigt, daß beide Stücke auf einer Unterlage befestigt waren.

Das vierte Besatzblech (Taf. 44, 48) wurde ebenfalls durch Meißeln aus einem Goldblech herausgetrennt. Es handelt sich um ein Stück mit dreieckiger Grundform, dessen Spitze geschwungen zur Seite biegt. Es ist mit mehreren langgezogen dreieckigen Durchbrüchen verziert. Das Exemplar greift ein Motiv auf, das auf den Schmuckstücken des Fürstengrabes mehrfach und teilweise in ganz unterschiedlicher Form auftritt, aber wohl mit Recht als stilisierter Greifenkopf gedeutet wird, bei dem noch der gebogene Raubvogelschnabel sowie ein dahinter sitzendes Auge zu erahnen sind. Elf Perforationen an der Basis dieses Bleches zeigen, daß es dort – vermutlich aufrecht und freistehend – befestigt wurde.

Oberhalb des Schädels der Fürstin lagen weitere Goldblechobjekte (Taf. 47), die zu einer hochaufragenden Kopfbedeckung gehört haben könnten, die sich jedoch nicht mehr genauer rekonstruieren läßt. Dabei handelt es sich um ein schmales und im mittleren Bereich schräggeripptes Band, das in zwei Teile zerbrochen war, sowie um drei unterschiedlich große, schwungvoll gebogene, flügelförmige Zierstücke, die an der Basis umgebogen waren, also ursprünglich hängend befestigt gewesen sein dürften.

INV. NR. ARZAN
2/5-46 – 5-50
Maße der Raubkatze
2,8 x 1,8 cm
Maße der Pferde
8,0 x 3,8 cm
Maße des stilisierten Greifenkopfes
3,8 x 3,6 cm
Maße des Bandes
Breite 0,8 cm

22 Goldene Ziernadel mit Hirschfigur

(Taf. 49–52)

INV. NR. ARZAN 2/5–53
Länge 30,2 cm
Dicke des Schaftes 0,4 cm

Oberhalb des Schädels fanden sich zwei lange goldene Nadeln, die auf der Vorderseite einer möglicherweise kegelförmigen Kopfbedeckung befestigt waren. Eine der beiden Nadeln war mit einer Hirschfigur bekrönt.

Das Stück war im Wachsausschmelzverfahren gegossen worden, und den Nadelschaft hatte man, abgesehen von der Spitze, mit Kerbschnitt verziert, der weitgehend bereits beim Guß vorgestaltet war. Das Relief wurde anschließend durch Schaben nachgearbeitet, die Spitzen hatte man durch Schmieden überformt und in eine spitz zulaufende Form gebracht.

Der Nadelkopf bestand aus einer vollplastischen Hirschfigur im Zehenspitzengang. Dabei handelte es sich um eine Kleinplastik, die – von welcher Seite auch immer betrachtet – gleich vollkommen ausgearbeitet worden war. Die fellartige Struktur der Figur war bereits im Wachsmodell vorgearbeitet. Schaft und Kopf sind dabei in einem Stück gegossen, lediglich das zweiteilige Hirschgeweih hatte man getrennt aus dünnem geschmiedeten Blech gemeißelt und durch Löten mit dem Hirschkopf verbunden. An der Verbindungsstelle zwischen Kopf und Geweih verläuft eine unregelmäßige Granulationsreihe, die dazu diente, die Lotnaht zwischen Kopf und Geweih abzudecken, und einen kranzförmigen Geweihansatz darstellte.

Die Ausarbeitung des Nadelschafts war eine herausragende künstlerische Leistung, denn er war mit einem spiralartig um den Schaft laufenden Tierfries versehen. Diese Ornamentik war dabei mitgegossen und anschließend durch Schaben nachgearbeitet worden. Eine Abrollung läßt die Gestalten dieses Tierfrieses besser verständlich werden. Von rechts nach links zeigen sich dabei: Schaf, Ziege, Pferd, wieder Ziege, Rind, erneut Ziege, eine zwei Ziegen reißende Raubkatze, Hirsch, Kamel (Trampeltier), Ziege, Schaf sowie erneut ein Hirsch; zwischen den einzelnen Figuren lassen sich dabei Köpfe von weiteren, aber nicht näher bestimmbaren Huftieren erkennen. Die Innengestaltung der Tierkörper (tropfenförmige Gravierungen betonen die Oberschenkel) und der Köpfe sowie die detaillierte Gestaltung von Hörnern, Hufen und Tatzen der verschiedenen Tiere überrascht bei der komplexen um den Schaft tordierten Darstellung. All dies zeugt von großer Kunstfertigkeit und macht dieses Stück zusammen mit der zweiten Nadel (Kat. Nr. 23) zu einem der bemerkenswertesten Kunstwerke dieses Komplexes wie der skythenzeitlichen Tierstilkunst in Südsibirien überhaupt.

23 Goldene Ziernadel mit schälchenförmigem Kopf

(Taf. 53–54)

INV. NR. ARZAN 2/5–52
Länge 35,7 cm
Dicke des Schaftes 0,4 cm

Neben der Nadel mit der Hirschfigur (Kat. Nr. 22) kam noch ein zweites Exemplar zum Vorschein, das ebenfalls zur Verzierung der Kopfbedeckung der Fürstin gehört hatte. Diese zweite Ziernadel war etwas länger, wies ebenfalls einen verzierten Schaft auf, besaß als Bekrönung jedoch einen schälchenförmigen Abschluß und ein seitlich daran angebrachtes, durchbrochen gearbeitetes Flügelornament.

Der Nadelschaft wurde flächendeckend mit Kerbschnitt verziert, der im Wachsmodell bereits vorgesehen war. Nach dem Guß im Wachsausschmelzverfahren hatte man das Relief nachgeschnitten. Lediglich die unverzierte Nadelspitze erhielt ihre konische Form durch Schmieden. Das kleine, schälchenförmige Ende wurde separat gegossen und anschließend an den Nadelschaft gelötet, wobei man die Lötnaht durch eine Granulationsreihe kaschiert hatte. Die Rückseite dieses schälchenförmigen Kopfes war ornamentiert, die Innenfläche dagegen glatt belassen.

Auch das seitlich unterhalb des Kopfes angebrachte flügelförmige Zierelement hatte man getrennt gefertigt und die Konturen und Durchbrüche mit einem Meißel aus einem Blech herausgetrennt. Anschließend wurde auch dieses Blech seitlich angelötet. Die geschwungen kurvolineare Gestalt erinnert dabei erneut an einen stilisierten Greifenkopf mit gebogenem Schnabel und Auge, ein Zierelement, wie es auf den Objekten dieses Komplexes bereits mehrfach in unterschiedlicher Form aufgetreten war.

Ähnlich wie die Nadel mit Hirschkopf war auch dieses Exemplar am Schaft mit einem spiralartig umlaufenden Tierfries verziert, das inhaltlich sowie in sämtlichen Details der Darstellung der Hirschnadel entspricht. Beide Stücke müssen demnach vom selben Meister hergestellt worden sein. Von rechts nach links folgen hier Ziege, Rind, Ziege, Eber, Hirsch, Ziege, Rind, Pferd, Schaf, Hirsch, Raubkatze, Hirsch, Eber, Rind, Eber, Kamel und erneut Hirsch; ober- und unterhalb dieses Frieses sowie vereinzelt auch zwischen den Tieren finden sich Köpfe weiterer Lebewesen, die jedoch nicht genauer zu bestimmen sind und lediglich Huftieren zugewiesen werden können.

24 Goldenes Pektorale

(Taf. 55–57)

INV. NR. ARZAN 2/5–5
Außendurchmesser des Ringes 23,6 cm
Innendurchmesser 21,2 cm
Außenumfang 72 cm
Länge des Frontstücks außen 16,4 cm
Durchmesser des Ringkörpers 1,2 cm

Zum Schmuck der Fürstin gehörte ein goldenes Pektorale, das sie im Grab jedoch nicht am Körper trug, wie etwa der Fürst seinen goldenen Halsring. Das Pektorale war statt dessen oberhalb des Kopfes der Frau an der Wand der Grabkammer befestigt. Von dieser Stelle war es später herabgefallen, weshalb es zum Zeitpunkt der Ausgrabung dann in der nordwestlichen Ecke der Grabkammer zwischen zahllosen weiteren Gegenständen, besonders den ursprünglich in Ledersäcken verwahrten und ebenfalls an der Kammerwand aufgehängten organischen Resten, zum Vorschein kam.

Das Pektorale hat die Form einer Mondsichel mit abgerundeten und durchlochten Enden. Dort waren zwei kurze Fuchsschwanzketten aus Golddraht eingehängt, die am Ende mit einem ebenfalls aus Gold hergestellten und mit Goldgranulaten verzierten kegelstumpfförmigen Riemenschieber (Taf. 56) verschlossen wurden. Das flach gehaltene Pektorale ist trotz der geringen Materialstärke von ca. 2 mm gegossen, und das Kerbschnittrelief wurde durch Schaben und Ziselieren nachbearbeitet. Die beim ersten Blick auf das Objekt sich einstellende Vermutung, das Relief wäre aus einer geschmiedeten Platte durch spanabhebende Werkzeuge herausgearbeitet worden, ist dagegen mehr als unwahrscheinlich. Die Rückseite des Pektorales hatte man durch Schleifen gut geglättet, so daß keine Gußnähte mehr zurückblieben. Aufgrund der geglätteten und abgenutzten Kanten darf davon ausgegangen werden, daß das Schmuckstück vor seiner Deponierung im Grab auch mehrfach und intensiv getragen wurde.

Der Aufbau der Ornamentik ähnelt der Verzierung des eisernen Ringgriffmessers mit beidseitig goldinkrustiertem Griff des Fürsten (Kat. Nr. 9). Ähnlich wie dort gliedert sie sich in mehrere ineinandergeschachtelte, V-förmig gegabelte Elemente, die im Fall des Pektorales jedoch länger und stärker geschwungen sind. Diese gegabelten Elemente setzen sich im Wechsel aus Spiralmustern oder Tierkörpern zusammen. Die Spitzen dieser gegabelten Muster, die jeweils in der Mitte des Pektoralekörpers sitzen, ziehen sich von links nach rechts um das Schmuckstück und werden dabei – der zu- bzw. wieder abnehmenden Breite des Pektorale folgend – größer und danach wieder kleiner.

Zwischen diesen gegabelten Spiralelementen sitzen zu beiden Seiten jeweils eine, gelegentlich auch zwei Tierdarstellungen, die sich langgestreckt in die vorhandenen Zwickel einpassen. Von einer Ausnahme abgesehen, blicken sämtliche Tierfiguren nach links. Die den inneren Rand des Pektorale begleitenden Tiere sind für den Betrachter richtig orientiert, während die der äußeren Peripherie um 180° gedreht auf dem Kopf stehen. Bei den meisten Tierfiguren handelt es sich um Ziegen; hinzu kommen noch zwei Hirsche, ein Schaf, eine Raubkatze, ein Eber sowie ein nicht näher bestimmbares Huftier. Ihre Positionierung in den für sie zur Verfügung stehenden Zwickeln ist nahezu identisch: Der Kopf ist erhoben und leicht zurückgeworfen, das Maul spitz nach vorne gestreckt, während die Hinterläufe lang nach hinten gestreckt sind. Die Tierkörper nehmen damit die Form einer Ellipse ein.

Aus einer gewissen Distanz erscheint die ganze Ornamentik gewirkt oder geflochten. Ähnlich einem Fischgrätmuster wechseln Tierkörper und Spiralelemente einander ab, jeweils schräg entlang eines imaginären Mittelgrates orientiert.

25 Goldener Ohrschmuck

(Taf. 58–59)

Im Kopfbereich der Fürstin fanden sich verschiedene Bestandteile eines Ohrgehänges. Dieser paarweise auftretende Ohrschmuck bestand aus je einem Ohrpflock, in den ein Ring mit konischem Anhänger eingehängt war.

Der Ohrpflock mußte zunächst mit dem zylindrischen, hohlen Teil in das geweitete Ohrloch eingepaßt werden, bevor das ringförmige Zierelement eingehängt werden konnte. Um den Pflock im Ohr zu halten, mußte er entweder auf Spannung in das gedehnte Ohr gesteckt oder von der Rückseite zusätzlich mit einem Ring aus organischem Material befestigt werden, der über den rückseitigen Zylinderrand gesteckt wurde.

Die Ohrpflöcke bestehen aus einem Blechzylinder und einem angelöteten Scheibenring, wobei letzterer mit Dreiecksgranulation und tordiertem Vierkantdraht am Rand verziert war. In die glatten Felder zwischen die granulierten Dreiecke wurden Emailfüllungen aufgetragen.

Die in die Ohrpflöcke eingehängten Anhänger bestehen aus einem ringförmigen, offenen Hängebügel und einem konischen Blechhohlkörper, der mit Filigran, Granulation und Email verziert ist. Der Hängebügel war aus mehreren Drähten gefertigt, die man um einen Kern herumgeführt und flachgedrückt hatte. An seinen offenen Enden scheint der Ring wie aus unzähligen miteinander verdrehten Drähten zu bestehen. An diesen Ringen hängt je ein kegelförmiger Hohlkörper aus Goldblech, dessen stumpfe Spitze an den Golddrahtring gelötet war. Das Basisblech dieses konischen Anhängers war insgesamt sechsmal paarweise durchlocht; höchstwahrscheinlich hingen daran Fäden aus organischem Material, an denen unzählige Miniaturperlen aus Gold befestigt waren. Die Außenfläche dieser konischen Anhänger war von einer unregelmäßigen Granulation bedeckt, die insgesamt fünf tropfenförmige Flächen aussparte, in denen sich noch Reste von blaugräulichem Email fanden.

Zuletzt ist noch eine Kette aus zwölf ineinandergehängten Ringen aus Golddraht zu erwähnen (Taf. 59 unten). Die einzelnen Glieder dieser Kette bestehen aus geschmiedetem Draht mit rundem Querschnitt. Die ursprünglich offenen Drahtringe hatte man dabei zunächst eingehängt und danach durch Löten verschlossen. Möglicherweise diente diese Kette zum Schmuck eines Zopfes.

INV. NR. ARZAN
2/5–54; 5–55
Maße des Ohrpflocks:
Durchmesser 2,8 cm
Höhe 1,3 cm
Maße des Ohrrings:
Ringdurchmesser 2,6 cm
Ringdicke 0,2 cm
Anhängerhöhe 1,5 cm

26 Goldene Appliken in Form von Raubkatzen vom Umhang (Taf. 60–61)

INV. NR. ARZAN 2/5–58
Länge 1,9 cm
Höhe 1,1 cm
Dicke 0,5 cm

Ähnlich wie der Fürst trug auch die neben ihm bestattete Frau einen ärmellosen Umhang mit Stehkragen, der am Rücken bis zur Hüfte und an den Armen bis knapp über die Ellbogen reichte. Dieser Umhang war mit 2.297 goldenen Raubtierappliken besetzt, die – wiederum dem Umhang des Fürsten ähnelnd – kurvolineare Muster bildeten.

Die Raubkatzen vom Gewand der Fürstin waren etwas kleiner als die des Mannes. Entscheidender ist jedoch die Tatsache, daß sie nicht gegossen wurden, sondern aus goldenem Preßblech gefertigt waren. Auch liegt hier keine Unterscheidung in nach links und nach rechts blickende Figuren vor, wie dies beim Fürsten der Fall war, sondern sämtliche Stücke waren nach links orientiert. Vermutlich hatte man die Appliken mit Hilfe eines Preßmodells aus Metall, höchstwahrscheinlich aus Bronze, hergestellt. Sie tragen Spuren einer Nachbearbeitung durch Punzen, während die bei den gegossenen Stücken so häufigen Meißel- und Schabspuren fast vollständig fehlen. Einige Exemplare tragen eine sternförmige Punzverzierung um das Auge herum.

Auf Stoff oder Leder aufgenäht, machen diese raubkatzenartigen Appliken einen sehr ähnlichen Eindruck wie die gegossenen Stücke vom Umhang des Fürsten. Aufgrund ihres deutlich geringeren Gewichts, aber auch optisch unterscheiden sie sich bei näherer Betrachtung leicht von ihren gegossenen Parallelen. Die Raubkatzen aus Preßblech weisen einen gleichmäßig dünnen Rand auf. Die gegossenen Stücke besitzen dagegen einen unregelmäßigen Rand, wobei einige Details, wie etwa das Schwanzende oder die Klauen, massiv sind.

27 Goldene Handgelenkkette (Taf. 62)

Am Handgelenk der Fürstin fand sich eine goldene Fuchsschwanzkette. Ganz ähnliche Ketten kamen ferner am Miniaturkessel (Kat. Nr. 32) zum Vorschein und dienten darüber hinaus als Verschluß des Pektorales (Kat. Nr. 24) der Fürstin. Die Fuchsschwanzkette am Handgelenk der Fürstin war an den Enden mittels eines einfachen Drahtringes verschlossen.

Die Ketten machen dabei technisch einen sehr einheitlichen Eindruck. Die dünnen Kettenglieder wurden aus geschmiedetem Golddraht gefertigt. Um regelmäßige Drahtösen herzustellen, bietet es sich an, einen Draht um einen Stab mit rundem oder ovalem Querschnitt zu winden und mit einem Meißel einzelne Ringe von der Drahtspirale abzutrennen. Dies garantiert eine gleichbleibende Länge der Drahtabschnitte und eine daraus resultierende einheitliche Größe der Drahtringe. Um dann eine Fuchsschwanzkette herzustellen, müssen die Drahtelemente geschlossen, gebogen und ineinandergehängt werden. Die aus Draht gefertigten Ösen werden dabei durch Löten geschlossen und anschließend zu einem länglichen Oval gedrückt, wodurch ösenförmige Schlaufen entstehen, die hochgebogen werden. Eine Kette entsteht dadurch, daß weitere längsoval geformte Drahtelemente durch die Endschlaufen geführt und anschließend ebenfalls gebogen werden.

INV. NR. ARZAN 2/5–61
Innendurchmesser ca. 5 cm
Dicke 0,4 cm

28 Eisendolch mit Goldeinlagen

(Taf. 63–65)

Ebenso wie beim Fürsten war auch an der rechten Hüftseite der Frau ein eiserner Dolch befestigt, der ebenfalls goldene Einlagen trug, insgesamt aber etwas schlanker und kleiner als die Waffe des Mannes war. Der Griff war dabei ganz aus Gold gearbeitet, während die eiserne Klinge goldene Inkrustationen aufwies.

Der Dolchgriff bestand aus zwei Teilen, die mit einem Nietstift verbunden waren. Seine beiden Schalen bestehen aus einem flächendeckenden Reliefdekor, der sich aus zahlreichen Tierkörpern in teils kauernder, teils gestreckter Haltung zusammensetzt. Je zwei antithetisch gruppierte, also einander zugewandte große Raubkatzen zieren den Heft- und den Griffabschluß und wiederholen damit eine Anordnung, wie sie auch für die Tiger beim Dolch des Fürsten gilt (Kat. Nr. 8). Die Köpfe der Raubkatzen mit ihren aufgerissenen Mäulern sowie ihre Tatzen stoßen dabei direkt aneinander. Die Raubkatzen am Heft sind außerdem etwas größer als jene am Griffabschluß.

Die eigentliche Griffplatte gliedert sich in drei vertikale Reihen von Tierkörpern. Entlang der beiden Seiten lassen sich Ziegen mit weitgehend geraden Hörnern erkennen, die in sich gedreht und so gegeneinander gestellt sind, daß die Tiere in zwei Richtungen liegen. In der Mitte des Griffes erstreckt sich ein etwas deutlicher ausgearbeiteter Fries mit drei hintereinander kauernden Schafen, vor deren Köpfen jeweils ein tropfenförmiges Zierelement mit Emaileinlage sitzt.

Dieser schwere Dolchgriff wurde in zwei separaten Teilen im Wachsausschmelzverfahren in der Tradition der Kerbschnittarbeiten gegossen. Das komplexe Zierrelief hatte man in Wachs vorgearbeitet. In den Vertiefungen erhielt sich vereinzelt die rauhe Gußoberfläche, während die übrigen Bereiche mit Meißeln, Punzen und Schabern nachgearbeitet wurden, wie entsprechende Werkzeugspuren zeigen. Beide Griffhälften hatte man anschließend durch Löten miteinander verbunden.

Der goldene Dolchgriff war durch einen kräftigen Goldniet mit dem eisernen Griff verbunden. Die breite Mittelrippe der Klinge war dabei durch flächig eingelegte Goldinkrustationen verziert, die aus zwei parallelen und miteinander verbundenen Bändern von Spiralornamenten bestehen, die an die Ornamentik des einseitig goldverzierten Messergriffs des Fürsten (Kat. Nr. 8) erinnern.

INV. NR. ARZAN 2/5–63
Maße des Griffes:
Länge 7,8 cm
Breite 3,8 cm
Dicke 1,3 cm
Maße der Klinge:
Länge 15,7 cm
Breite 3,2 cm
Dicke 0,5 cm

29 Goldene Schieber vom Dolchriemen

(Taf. 66–67)

INV. NR. ARZAN 2/5–66
Länge 1,4 cm
Breite 1,5 cm
Höhe 1,6 cm
Abmessungen des Riemendurchzugs 1,0 x 0,4 cm

Im Beckenbereich der Fürstin fanden sich fünf goldene Schieber, die zum Zierrat ihres Dolchriemens gehörten. Diese Schieber bestanden aus einer breiten, glatten, aus Goldblech geformten Öse. Auf ihrer Oberseite wurde die vollplastisch gegossene Figur eines seitlich liegenden Schafes mit erhabenem Kopf und deutlich herausgearbeitetem Gehörn angebracht. Das Schaf selbst wurde dabei im Wachsausschmelzverfahren hergestellt und anschließend nachgearbeitet.

30 Goldene Schmuckplatten vom Dolchriemen

(Taf. 68–69)

INV. NR. ARZAN 2/5–68; 5–69
Länge 2,9 cm
Breite 1,7 cm

Ähnlich wie beim Fürsten bilden auch bei der Fürstin zwei S-förmig gebogene Schmuckplatten mit einem größeren, gerundeten Teil und einem geschwungenen, spitz zulaufenden Fortsatz die Abschlußelemente ihres Dolchriemens. Beide Stücke waren im Wachsausschmelzverfahren massiv gegossen. Die gewölbten Schmuckplatten und die Befestigungselemente auf ihrer Rückseite wurden getrennt gefertigt und durch Löten miteinander verbunden. Die Befestigungselemente hatte man dabei jeweils auf der Rückseite des größeren, gerundeten Teils der Platten angebracht. Im einen Fall handelte es sich um einen Stutzen rechteckigen Querschnitts, der in einer bandförmigen Öse endete. Im anderen Fall wurde dort eine kräftige Drahtschlaufe befestigt. Insgesamt sind diese Riemenabschlußstücke der Fürstin etwas kleiner als diejenigen des Fürsten, doch auch bei den Darstellungen gibt es Unterschiede.

Auf dem größeren, gerundeten Teil der Platten thronte jeweils die vollplastische Figur eines seitlich liegenden Schafes mit erhabenem Kopf. Dieses Schaf war erheblich größer als die es umgebenden und im Relief gearbeiteten Tierkörper (eine Ziege und zwei nicht näher bestimmbare Huftiere).

31 Goldene Stiefelbänder
(Taf. 70–71)

INV. NR. ARZAN 2/5–74
Länge 30,4 cm
Breite 1,1 cm

Im Fußbereich der Fürstin stießen wir auf zwei goldene Zierbänder, die – gehen wir von erhaltenen organischen Funden aus den Permafrostkurganen des Altai-Gebirges aus – auf annähernd kniehohen Filz- oder Lederstiefeln befestigt waren, und zwar im Bereich des Fußgelenks.

Die schmalen Bänder mit parallelen Seiten waren an ihren abgerundeten Enden jeweils perforiert. Beide Bänder weisen eine Zier aus Flächengranulation auf. In der Mitte dieser Bänder erstrecken sich in regelmäßigen Abständen insgesamt 22 tropfenförmige Emaileinlagen, deren Konturen von Runddraht eingefaßt wurden. Auch die Ränder dieser Goldblechbänder waren umlaufend mit Golddraht gerahmt. Die Ränder hatte man dabei leicht nach oben gebördelt, um den Draht besser zu fassen.

32 Goldener Miniaturkessel
(Taf. 72–74)

In Hüfthöhe zwischen den beiden Verstorbenen fand sich ein goldener Miniaturkessel, der möglicherweise am Gürtel der Fürstin mittels einer Fuchsschwanzkette befestigt war.

Der kleine, bauchige Kessel mit im Vergleich zur Höhe größerer Mündungsweite biegt mit seinem Oberteil nur leicht ein und besitzt einen kurzen konischen Hohlfuß. Das Stück war an seiner Außenseite vollständig mit einem Kerbschnittrelief im Tierstil verziert. Mehrere Köpfe von Schafen sowie eine sich auf eines der Schafe stürzende Raubkatze fügen sich in ein flächiges Ornament aus Spiralen und Spiralhaken.

Das Stück wurde im Wachsausschmelzverfahren gegossen, wobei man das Relief schon im Wachsmodell vorgearbeitet und die beiden Hohlräume von Kessel und Standfuß jeweils mit einem Tonkern versehen hatte. In den Vertiefungen des Reliefs lassen sich Reste der Gußhaut erkennen. Dagegen wurde die Innenfläche flächig abgeschabt, was ihr eine besondere Brillanz verlieh.

Eine Granulationsreihe ziert den Übergang vom Standfuß zum Kessel. In den Hohlraum des konischen Standfußes ist ein Stift gelötet, wobei an dieser Stelle ebenfalls Granulation vorkommt. An diesem Stift war eine Fuchsschwanzkette befestigt, die der Befestigung vermutlich am Gürtel der Fürstin diente. In ihrer Machart und technischen Detailausführung ähnelt sie der Fuchsschwanzkette vom Handgelenk der Frau (Kat. Nr. 27) sowie den Ketten an den Enden des Pektorales (Kat. Nr. 24).

INV. NR. ARZAN 2/5–71
Maße des Kessels:
Durchmesser 3,9 cm
Höhe 3,6 cm
Maße der Fuchsschwanzkette:
Länge 4,2 cm

33 Holzschale mit Handhabe aus Goldblech

(Taf. 75)

INV. NR. ARZAN 2/5–88
Maße der Schale:
Mündungsdurchmesser 11,8 cm
Höhe 5,7 cm
Maße der Handhabe:
Länge 10,8 cm
Größe des Hufes
2,8 x 2,0 cm

In der nordwestlichen Ecke der Grabkammer, rechts oberhalb der Frau, lag eine sorgfältig gearbeitete Holzschale mit Omphalosboden, dünner, gerundeter Wandung, leicht einbiegender Schulter und kurzem, ausgestelltem Trichterrand. Auf einem Astfortsatz war eine aus Goldblech gefertigte Handhabe aufgeschoben, weshalb es sich bei diesem Gefäß um eine Schöpfkelle handelt.

Die goldene Handhabe war in der Form eines Beines von einem Huftier gestaltet und trägt 15 Schuppenreihen. Offenbar wurde das Relief von Huf und Schuppenmuster schon im Holzkern des Griffes vorgeschnitzt, der dann als Preßmodel diente. Das dünne Goldblech wurde mit Punzen aus Metall und mit Holzstiften in die Vertiefungen des Reliefs hineingedrückt. Zwei Nietlöcher dienten zur Befestigung des Griffes am Holzfortsatz der Schale. Die Blechränder sind teilweise gebördelt. Die Naht ist unten gefalzt und gefügt, so daß bei der Benutzung der Schöpfkelle oder bei der Zurschaustellung des Gefäßes keine Naht zu sehen ist. Auf der Unterseite des Hufabschlusses wurde ein weiteres Blech eingesetzt, um diesen zu schließen.

34 Bronzespiegel

(Taf. 76)

INV. NR. ARZAN 2/5–77
Durchmesser 11,3 cm
Höhe der Öse 1,4 cm

Ähnlich wie beim Fürsten lag auch zur Linken der Fürstin, und zwar wieder direkt vor ihrem ursprünglich nach links blickenden Gesicht, ein Spiegel. Das aus Bronze gegossene Stück steckte in einem Lederetui, das weitgehend vergangen war und von dem sich nur mehr auf der Rückseite geringe Reste erhalten hatten.

Der Spiegel war rund und flach und wies lediglich eine bandförmige und mit vier Rippen versehene Öse in der Mitte der Rückseite auf. In der Öse befand sich noch ein ca. 9 cm langes Lederband. Dieses Band hatte man mit insgesamt 18 goldenen ringförmigen Schiebern verziert. Diese Schieber waren in der Seitenansicht oval, wobei die beiden Längsseiten jeweils durch zwei Einschnürungen dreigegliedert waren. Sie wurden so auf den Riemen geschoben, daß sie sechs Dreiergruppen bildeten, zwischen denen ziemlich regelmäßige Abstände vorlagen.

35 Bronzekessel
(Taf. 77)

INV. NR. ARZAN
2/5–95; 5–96
Maße des kleineren Kessels:
Höhe 29,7 cm
Mündungsdurchmesser 22,7 cm
Durchmesser des Hohlfußes 13,2 cm
Maße des größeren Kessels:
Höhe 45,6 cm
Mündungsdurchmesser 32,8 cm
Durchmesser des Hohlfußes 13,4 cm

Nordöstlich außerhalb der Grabkammer, und zwar in der Verfüllung zwischen der Kammer und der Schachtwand, fanden sich – von größeren Steinplatten umstellt und überdeckt – zwei Bronzekessel, die zur regelhaften Ausstattung eines reiternomadischen Kriegergrabes der Skythenzeit gehören.

Der kleinere Kessel besaß eine gerundete Wandung mit leicht einbiegendem Oberteil, die in einer keulenförmig verdickten Randlippe endete. Einander gegenüberliegend wurden von oben auf den Mündungsrand zwei kantige, rechteckige Horizontalhenkel mit rechteckigem Querschnitt aufgebracht. Um den Bauch des Kessels laufen drei schmale und teils waagrechte, teils schräge Rippen mit Querkerbung, die offenbar Schnüre imitieren, wie dies für zahlreiche Bronzekessel typisch ist. Gußnähte im unteren Viertel und auf den Henkeln weisen darauf hin, daß der Kessel in einer mehrteiligen Gußform hergestellt wurde.

Der größere Kessel besaß ebenfalls eine gerundete Wandung, doch sein Oberteil war fast zylindrisch, endete aber erneut in einer keulenförmig verdickten Randlippe. Unterhalb des Randes verliefen wieder drei umlaufende und nach Art einer Schnur quergekerbte Leisten, die jedoch im Unterschied zum kleineren Gefäß waagrecht und vollkommen parallel zueinander angebracht waren. Knapp darunter, etwa im Bereich des Umbruchs, hatte man zwei kleine rundstabige Vertikalhenkel auf der Außenwandung befestigt, die einander gegenüberstanden. Oberhalb von ihnen, und zwar von oben auf den Mündungsrand aufgesetzt, wies der Kessel noch je zwei horizontal verlaufende Doppelringhenkel auf. Gußkanäle und Gußnähte an verschiedenen Stellen belegen seine Herstellung in einer mehrteiligen Gußform und zeigen, daß man das Stück nach dem Guß nicht mehr weiter bearbeitete, was darauf hinweisen könnte, daß diese Objekte möglicherweise aus rituellen Gründen für die Verwendung im Grab, jedoch nicht für den täglichen Gebrauch gefertigt wurden.

36 Steinplatte mit der Darstellung eines röhrenden Hirsches
(Taf. 78)

Maße der Steinplatte:
Breite ca. 60 cm
Höhe 55 cm

Am Südostrand des Kurgans kam eine Steinplatte mit der Darstellung eines Hirsches zum Vorschein. Sämtliche Details des Tieres, Maul, Augen, Ohren, Geweih und Körper, sind sehr naturgetreu dargestellt. Das Tier steht im sog. Zehenspitzengang, wie es für die frühskythische Kunst charakteristisch ist. Der Kopf ist leicht angehoben und das Maul ein wenig geöffnet, wodurch die ganze Zeichnung sehr lebendig wirkt: Es scheint sich um einen röhrenden Hirsch zu handeln.

Zahlreiche Einzelheiten des Tieres ähneln der Hirschfigur vom Kopfputz des Fürsten (Kat. Nr. 3), der ebenfalls in röhrender Haltung dargestellt ist. Das parallel zum Rücken sich erstreckende Geweih, der leicht angehobene Kopf sowie die Beine im Zehenspitzengang zeigen, daß das aus Goldblech gearbeitete Stück und die Felsbilddarstellung ein und demselben Kunstkreis verpflichtet sind.

Der Stein mit dem röhrenden Hirsch gehört zu einem Ensemble aus vierzehn weiteren Platten, die entlang des Südostrandes des Kurgans mit ihrer Schauseite nach außen hin als Galerie aufgestellt waren. Sie zeigen verschiedene Tiere (Hirsch, Elch, Pferde), aber auch menschliche Figuren, Streitwagen mit Speichenrädern oder Teile der Bewaffnung (Dolch, Schild). Auffallend ist, daß diese figural verzierten Platten sich nur an der südöstlichen Peripherie der Grabanlage finden. Eine Erklärung dafür könnte die Topographie des Kurgans und seiner Umgebung liefern: Der Grabhügel liegt auf einer Geländezunge, die nach Südosten hin leicht abfällt; genau dort waren die Bilder aufgestellt. Kommt man von Osten her in die Ebene von Aržan, so dürfte sich schon in der Vergangenheit jener Weg angeboten haben, dem auch die heutige Asphaltstraße folgt. Nach Überwinden der letzten Anhöhe blickt man in das „Tal der Könige" hinab und passiert bald darauf als erste Grabanlage den Kurgan Aržan 2. Nähert man sich ihm von Osten kommend, so fällt der Blick unwillkürlich auf jenen Bereich, an dem die Galerie von figural verzierten Steinplatten aufgestellt war.

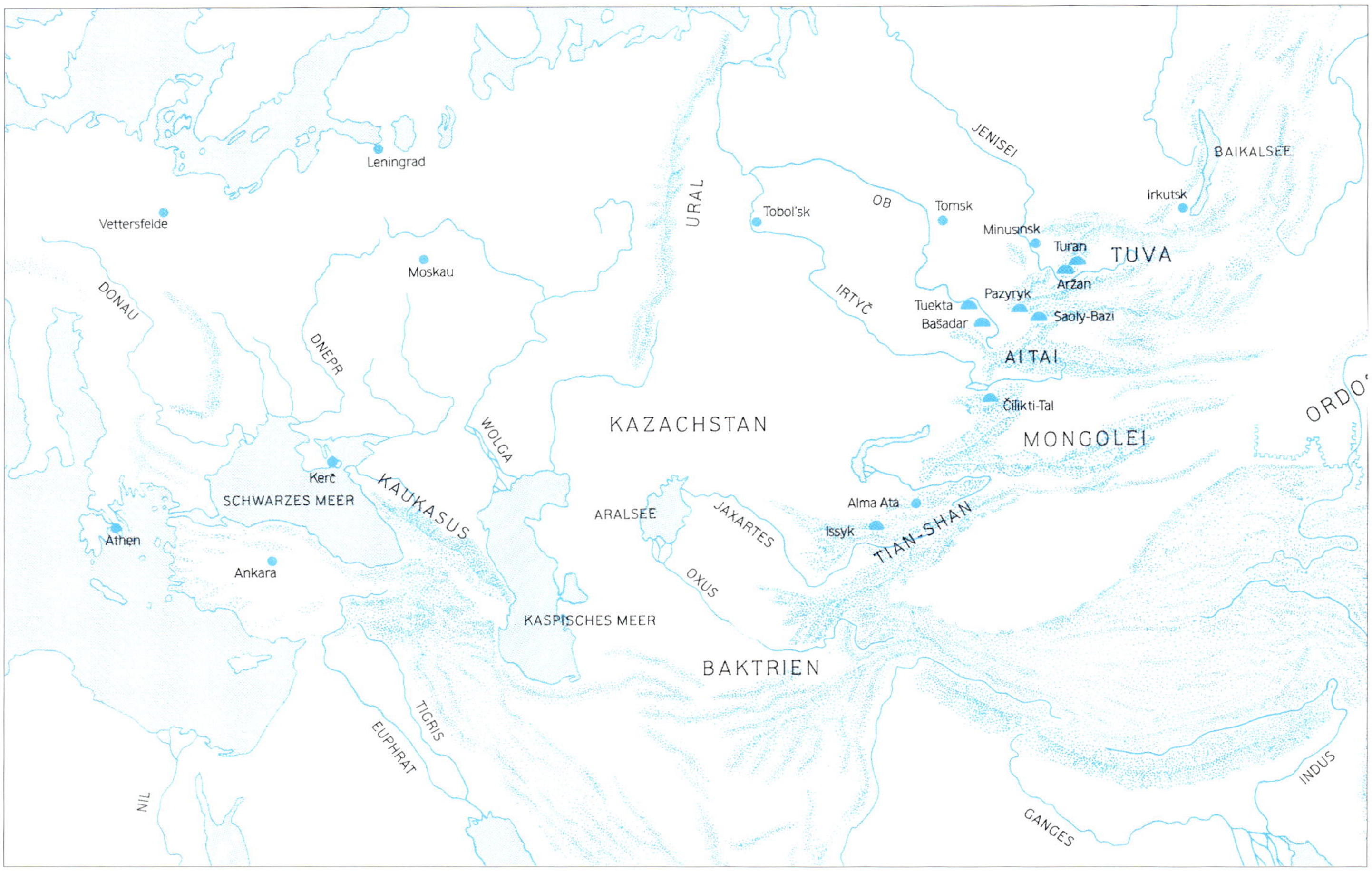
Leningrad
Vettersfelde
Moskau
DONAU
DNEPR
WOLGA
URAL
Tobol'sk
OB
Tomsk
JENISEI
BAIKALSEE
Irkutsk
Minusinsk
Turan
TUVA
Aržan
Pazyryk
Tuekta
Bašadar
Saoly-Bazi
IRTYČ
ALTAI
Čilikti-Tal
MONGOLEI
ORDOS
KAZACHSTAN
Kerč
SCHWARZES MEER
KAUKASUS
Athen
Ankara
ARALSEE
JAXARTES
Alma Ata
Issyk
TIAN-SHAN
OXUS
KASPISCHES MEER
BAKTRIEN
TIGRIS
EUPHRAT
NIL
GANGES
INDUS

Herodot
Über die Skythen

[FRÜHGESCHICHTE DER SKYTHEN]

Die Skythen, die die Kimmerier aus Europa verdrängt hatten, fielen in Asien ein, und da sie den Flüchtigen nachsetzten, kamen sie jetzt ins medische Land.

Vom Maiotissee bis zum Phasisstrom und zum Lande der Kolcher beträgt die Entfernung für einen rüstigen Wanderer 30 Tagesreisen; von Kolchis ist der Weg nicht mehr weit ins Mederland. Nur ein einziges Volk wohnt dazwischen, die Saspeirer. Hat man ihr Land durchquert, so ist man bereits in Medien. Die Skythen hatten aber diesen Einfallsweg nicht gewählt, sondern den oberen, viel weiteren, und dabei den Kaukasus rechts liegen lassen. Dort stießen die Meder mit den Skythen zusammen. Sie unterlagen im Kampf, verloren ihr Reich, und die Skythen besetzten ganz Asien.

Dann zogen sie weiter gegen Ägypten. Auf dem Wege dahin, in Palästina, das zu Syrien gehörte, trat ihnen der Ägypterkönig Psammetichos entgegen und bewog sie durch Geschenke und Bitten, nicht weiter vorzurücken ...

28 Jahre herrschten die Skythen über Asien, und das ganze Land geriet durch ihre Überheblichkeit und ihre Nachlässigkeit in Verfall. Nach Gutdünken erpreßten sie von den einzelnen Abgaben; außer dem Tribut zogen sie durchs Land und raubten, was der einzelne noch besaß. Kyaxares und die Meder luden schließlich die Mehrzahl der Skythen zu sich zu Gast, machten sie trunken und erschlugen sie. So retteten die Meder die Herrschaft für sich und regierten über die gleichen Völker wie früher. (1, 103–106)

Gold und Erz verwenden sie allgemein; was Lanzen- und Pfeilspitzen sowie Streitäxte anlangt, gebrauchen sie zu all dem Erz. Am Kopf, Gürtel und Schulterriemen haben sie Goldschmuck. Ebenso erhalten die Pferde eherne Brustpanzer, während Zügel, Gebiß und Kopfputz aus Gold sind. Eisen und Silber verwenden sie nicht; sie finden es nicht in ihrem Lande, Gold und Erz aber in großen Mengen. (1, 215)

Im Norden Europas gibt es offenbar weitaus das meiste Gold. Wie man es gewinnt, kann ich auch nicht mit Bestimmtheit angeben. Es wird gesagt, daß es die einäugigen Arimaspen den Greifen raubten. Ich glaube aber nicht, daß es einäugige Menschen gibt, die sich sonst von andern nicht unterscheiden. Offensichtlich haben diese Randgebiete, die das übrige Land rings nach innen zu umschließen, Erzeugnisse, die bei uns in höchstem Werte stehen und sehr selten sind. (3, 116)

[DIE SKYTHISCHE URSPRUNGSSAGE]

Wie die Skythen erzählen, ist ihr Volk das jüngste von allen und auf folgende Weise entstanden: Der erste Mensch in diesem noch öden Lande hieß Targitaos. Die Eltern dieses Targitaos, erzählen sie, waren Zeus und eine Tochter des Stromes Borysthenes. So berichten die Skythen; aber glauben kann ich es nicht. Von dieser Abstammung soll also Targitaos sein. Er hatte drei Söhne: Lipoxaïs, Arpoxaïs und als jüngsten Kolaxaïs. Zur Zeit ihrer Herrschaft fielen goldene Geräte vom Himmel in das Land der Skythen: ein Pflug, ein Joch, ein Beil und eine Schale. Der Älteste sah dies zuerst und trat heran, um die Geräte aufzuheben. Das Gold aber brannte, als er näherkam. Als er weglief, kam der zweite; auch da wurde das Gold feurig. Das brennende Gold verjagte sie also. Als aber der dritte, der Jüngste, herzutrat, erlosch es. Er brachte es in sein Haus. Da überließen die älteren Brüder die gesamte Herrschaft dem Jüngsten nach gemeinsamem Beschlusse.

Von Lipoxaïs soll der Skythenstamm der Auchaten abstammen, von dem mittleren Bruder, Arpoxaïs, die Stämme der Katiarer und Traspier, von dem jüngsten die Könige, die Paralaten. Alle Stämme zusammen hießen Skoloten und sind nach einem König benannt. Die Griechen nannten sie Skythen.

So erzählten die Skythen die Entstehung ihres Volkes. Sie sind der Meinung, daß von der Zeit des ersten Königs Targitaos bis zum Flußübergang des Dareios im ganzen tausend Jahre und nicht mehr vergangen sind. (4, 5–7)

[DAS GOLD DER SKYTHEN]

Jenes heilige Gold aber bewahren die Könige sorgfältig. Jährlich bringen sie ihr heiliges Opfer dar, um es gnädig zu erhalten. Wer im Besitze des heiligen Goldes bei dem Fest unter freiem Himmel schläft, der lebt nach der Aussage der Skythen kein ganzes Jahr mehr. Darum schenkt man ihm so viel Land, wie er an einem Tage auf einem Pferd umreiten kann. (4, 7)

[DIE SAGE DER GRIECHEN ÜBER DEN URSPRUNG DER SKYTHEN]

Die Griechen aber am Schwarzen Meer berichten so: Als Herakles die Rinder des Geryones wegtrieb, kam er in dieses damals noch unbewohnte Land, das jetzt die Skythen bewohnen ... Als Herakles in den skythischen Landstrich kam – Winter und Eiseskälte überfielen ihn –, zog er das Löwenfell über und schlief ein. Seine Pferde, die noch am Wagen angespannt waren, ließ er weiden. Sie verschwanden währenddessen durch göttliche Fügung.

Als Herakles erwachte, suchte er die Pferde. Er durchstrich das ganze Land und gelangte schließlich in das sogenannte Hylaia. Dort fand er in einer Höhle ein Zwitterwesen, halb Schlange, halb Jungfrau. Der Oberkörper war der einer Frau, der Unterkörper der einer Schlange. Als er sie sah, fragte er sie verwundert, ob sie irgendwo seine Pferde habe herumlaufen sehen. Sie erklärte, sie habe die Pferde selbst, werde sie aber nicht eher herausgeben, als bis er bei ihr geschlafen habe. Um diesen Preis schlief er bei ihr. Aber sie schob die Rückgabe der Pferde immer wieder hinaus in dem Wunsch, möglichst lange mit Herakles zusammenzuleben, während er nur eines wünschte: die Pferde zu bekommen und sich von ihr zu trennen.

Schließlich gab sie die Pferde zurück und sagte: „Diese Stuten, die zu mir gekommen sind, habe ich für dich aufbewahrt. Du hast mir den Lohn für die Rettung gegeben: ich habe drei Söhne von dir. Du mußt mir sagen, was ich mit ihnen machen soll, wenn sie erwachsen sind. Soll ich sie hier ansiedeln? – Denn über dieses Land habe ich allein die Macht. – Oder soll ich sie zu dir schicken?" Auf ihre Frage soll er geantwortet haben:

„Wenn du siehst, daß die Söhne erwachsen sind, so dürftest du nicht fehlgehen, wenn du folgendes tust: Wen von ihnen du diesen Bogen hier so spannen und mit diesem Gürtel sich so gürten siehst, den laß dieses Land bewohnen. Wer aber hinter den beiden von mir gestellten Aufgaben zurückbleibt, den schicke außer Landes! Wenn du meinen Rat befolgst, wirst du selbst Freude daran haben und auch meinen Wunsch erfüllen."

Darauf spannte er einen von seinen Bogen – bis dahin trug Herakles zwei – und zeigte ihr den Gürtel. Dann reichte er ihr beides. Der Gürtel hatte oben am Schloß eine goldene Schale. Das alles überließ er ihr beim Abschied. Sie gab ihren heranwachsenden Söhnen Namen: Den einen nannte sie Agathyrsos, den zweiten Gelonos, den jüngsten Skythes. Dann erfüllte sie den Auftrag in getreuem Gedenken an die Worte Herakles'. Zwei von den Söhnen, Agathyrsos und Gelonos, waren nicht imstande, die ihnen gestellte Aufgabe zu erfüllen. Ihre Mutter wies sie daraufhin aus dem Lande. Der jüngste aber, Skythes, vollbrachte den Auftrag und blieb dafür im Lande. Von diesem Skythes, dem Sohn des Herakles, stammen sämtliche Könige der Skythen ab. Und von jener Gürtelschale her tragen noch heute die Skythen Schalen an ihren Gürteln. Das ist der Bericht der Griechen, die am Pontos wohnen.
(4, 8–10)

[DIE „HISTORISCHE" VERSION]

Es gibt noch einen dritten Bericht, dem ich am meisten zustimme: Die Nomadenstämme der Skythen, die in Asien wohnten, wurden im Kriege von den Massageten bedrängt. Daraufhin wanderten sie aus und gingen über den Araxes. Sie kamen in das Land der Kimmerier; denn das Land, das jetzt die Skythen bewohnen, soll vor Zeiten den Kimmeriern gehört haben.
(4,11)

[DIE EINZELNEN STÄMME UND IHRE WOHNGEBIETE]

An den Handelsplatz am Borysthenes – diese Stadt liegt in der Mitte des an das Meer grenzenden skythischen Gebietes – grenzen zunächst die Kallipiden, griechische Skythen. Nördlich von ihnen wohnt ein anderer Stamm, die Alizonen. Beide haben im übrigen die gleiche Lebensweise wie die Skythenvölker. Sie säen Getreide und essen die Frucht, dazu Zwiebeln, Knoblauch, Linsen und Hirse. Nördlich von den Alizonen wohnen die Ackerbau treibenden Skythen, die Getreide nicht zur eigenen Ernährung, sondern zum Verkauf säen. Nördlich von ihnen sitzen die Neuren. Das Land nordwärts von diesen ist unbewohnt, soweit wir wissen. Das sind die Stämme am Hypanis, westlich von Borysthenes.

Wenn man den Borysthenes überschreitet, liegt zunächst dem Meer Hylaia. Geht man von dort landeinwärts, so wohnen dort skythische Bauern, von den Griechen am Hypanis Borystheniten genannt; sich selbst nennen diese Griechen Olbiopoliten. Die Ackerbauskythen bewohnen ein Gebiet, das sich drei Tage weit nach Osten hinzieht. Sie erstrecken sich bis zu einem Fluß mit Namen Pantikapes. Nach Norden aber geht die Fahrt den Borysthenes hinauf elf Tage lang durch ihr Gebiet. Das Land nördlich davon ist weithin leer. Dahinter wohnen die Menschenfresser, ein eigenständiges, keinesfalls skythisches Volk. Weiter nordwärts ist das Land wirklich nur mehr Steppe; dort gibt es, soweit wir wissen, keine Menschen mehr.

Ostwärts von den Bauernskythen wohnen, wenn man den Pantikapes überschreitet, nur noch nomadische Skythen, die nicht pflügen und nicht säen. Fast das ganze Skythenland ist baumlos außer Hylaia. Diese Nomaden bewohnen das Gebiet, das sich eine Strecke von vierzehn Tagereisen bis zum Gerrhosfluß erstreckt.

Jenseits des Gerrhos liegt das sogenannte Königsland. Es ist die Heimat der tapfersten und volkreichsten Skythen, die glauben, die anderen seien ihre Sklaven... Nördlich von diesen königlichen Skythen wohnen die Melanchlainen, ein anderes nichtskythisches Volk. Nördlich der Melanchlainen liegen Seen und menschenleeres Land, soweit wir wissen.

Wenn man den Tanais überschreitet, findet man kein Skythenland mehr; sondern das erste Gebiet gehört den Sauromaten, die das Land erlost haben und einen fünfzehn Tage langen Streifen nördlich von der Spitze des Maiotissees bewohnen, ein Land ganz ohne wilde und veredelte Bäume. Nördlich von ihnen behaupten die Budinen das nächste Landstück. Es ist ganz mit mannigfacher Waldung bestanden.

Nordöstlich von den Budinen liegt zunächst sieben Tagereisen weit unbewohntes Gebiet. Daran schließen sich nach Osten hin die Thyssageten, ein großes Volk von eigener Art. Sie leben von der Jagd. In der gleichen Gegend, ihnen benachbart, wohnen die Jyrken. Auch sie ernähren sich durch die Jagd auf folgende Weise: Der Jäger steigt zum Anstand auf einen Baum; es gibt genug davon im ganzen Lande. Jedem steht ein Pferd zur Verfügung, das abgerichtet ist, sich hinzulegen, damit es nicht in voller Größe erscheint, und ein Hund. Wenn der Jäger das Wild vom Baum aus sieht, schießt er, steigt aufs Pferd und verfolgt es. Auch der Hund läuft hinterher. Weiter reihen sich nach Osten andere Skythenstämme, die von den Königsskythen abgefallen und so in diese Gegend gezogen sind.

Bis zum Gebiet dieser Skythen ist das ganze beschriebene Land eben und hat schweren Boden. Daran schließt sich aber steigendes und rauhes Land. Nach langer Wanderung durch dieses steinharte Gebiet kommt man zum Vorland hoher Gebirge, wo kahlköpfige Menschen wohnen. Sie haben von Geburt an, wie es heißt, keine Haare, Männer wie Frauen. Ihre Nasen sollen eingedrückt und das Kinn breit sein. Sie sprechen eine eigene Sprache, tragen aber skythische Tracht und leben von Baumfrüchten. Pontikon heißt der Baum, von dessen Früchten sie leben; er wird etwa so groß wie ein Feigenbaum. Seine Frucht ist der Bohne ähnlich, hat aber einen Kern. Wenn diese reif ist, preßt man sie durch Tücher, dann fließt ein dicker, schwarzer Saft heraus, den sie Aschy nennen. Sie lecken ihn auf oder trinken ihn mit Milch vermischt. Aus der dicken zurückbleibenden Masse stellen sie eine Art Marmeladenkuchen her, den sie essen. Vieh haben sie nicht viel, denn die Weiden dort sind mager. Jeder wohnt unter einem Baum, den er im Winter mit dichtem, weißem Filz umhüllt. Im Sommer fehlt die Umhüllung. Kein Mensch kränkt dieses Volk. Sie gelten ja als heilig und besitzen kein Kriegsgerät. Sie schlichten bei ihren Nachbarn Streitigkeiten; und wenn ein Verbannter bei ihnen Zuflucht sucht, geschieht ihm kein Leid. Dieses Volk heißt Argippaier.

Bis zu diesen Kahlköpfen kennt man

die Länder und die vor ihnen wohnenden Völker sehr genau. Nicht nur Skythen besuchen sie, von denen man ohne Schwierigkeit Näheres erfahren kann, sondern auch Griechen aus der Hafenstadt Borysthenes und aus anderen pontischen Handelsplätzen. Wenn die Skythen zu den Argippaiern reisen, brauchen sie sieben Dolmetscher für sieben fremde Sprachen zu ihren Geschäften.

Bis zu diesem Volksstamm kennt man alles Land: Was aber jenseits von den Kahlköpfen liegt, darüber kann niemand etwas Bestimmtes sagen. Denn hohe, unzugängliche Berge, die niemand übersteigen kann, trennen das Gebiet ab. Die Kahlköpfe aber behaupten – das glaube ich ihnen nicht –, auf diesen Bergen wohne ein ziegenfüßiges Volk, und wenn man durch dieses Gebiet gereist sei, wohne ein anderes Volk, das ein halbes Jahr lang schläft. Das nehme ich ihnen schon gar nicht ab. Das Land östlich von den Kahlköpfen ist uns bekannt. Dort wohnen die Issedonen. Aber alles nördlich der Kahlköpfe und der Issedonen bleibt uns ein Rätsel außer dem, was diese Völker selbst erzählen.
(4, 17–25)

Nördlich von ihrem Land, so erzählen die Issedonen, wohnen jene einäugigen Menschen und die goldbewachenden Greifen. Die Skythen haben die Nachricht über sie von Issedonen übernommen; durch den Verkehr mit den Skythen ist sie auch zu uns anderen gedrungen. Wir nennen diese Menschen mit dem skythischen Namen Arimaspen; denn Arima heißt bei den Skythen eins, und spu heißt Auge.
(4, 27)

[Lebensweise der Skythen]

Das skythische Volk hat eine der schlauesten Entdeckungen gemacht – obwohl ich es sonst in anderem nicht bewundere: Der große Vorteil besteht darin, daß ihnen niemand entrinnen kann, der gegen sie zieht, und daß keiner sie fassen kann, wenn sie sich nicht auffinden lassen wollen. Leute, die sich weder Städte noch Mauern gegründet haben, die ihre Wohnstätten mit sich führen und sämtlich Bogenschützen zu Pferd sind, die nicht vom Ackerbau, sondern von der Viehzucht leben und deren Heim auf Wagen ruht – wie sollte ein solches Volk nicht unbezwingbar und schwer zu stellen sein! Diese Kunst haben sie allerdings erfunden, weil ihr Land dafür geeignet war und die Flüsse ebenfalls dazu halfen. Ihr Gebiet ist nämlich grasreich und wohlbewässert, und Flüsse durchziehen es, die an Zahl gar nicht viel ärmer sind als die Kanäle der Ägypter.
(4, 46–47)

[Flüsse gliedern das Land]

Der Istros ist der größte aller Ströme, die wir kennen; im Sommer und im Winter bleibt seine Strömung gleich groß. Vom Westen aus gesehen ist er der erste Fluß im Skythenland. Die Ursache seiner Größe ist, daß auch andere Flüsse in ihn münden.
(4, 48, 1–2)

Einer von den Strömen im Skythenland ist also der Istros. Ihm folgt der Tyras, der von Norden kommt und aus einem großen See herausfließt, der das Gebiet der Skythen vom Lande Neuris trennt. An seiner Mündung haben Griechen gesiedelt, die sich Tyriten nennen.

Der dritte Fluß, der Hypanis, kommt aus dem Skythenland und quillt aus einem großen See, um den wilde weiße Pferde weiden. Er heißt mit Recht Mutter des Hypanis; denn aus diesem See entspringt dieser Fluß. Fünf Tagesfahrten fließt er niedrig und führt Süßwasser. Dann aber, die letzten vier Tagesfahrten bis zum Meer, schmeckt das Wasser gewaltig bitter. Eine Quelle mit bitterem Wasser mündet nämlich herein, so bitter, daß sie trotz ihrer geringen Größe dem ganzen Hypanis, der ein großer Fluß wie wenige ist, den Geschmack mitteilt. Diese Quelle liegt auf der Grenze zwischen dem Gebiet der Ackerbauskythen und der Alizonen.

Der vierte Fluß ist der Borysthenes, nach dem Istros der größte von ihnen. Meiner Ansicht nach ist er der ergiebigste, nicht nur von den skythischen Flüssen, sondern auch von allen anderen mit Ausnahme des Nil in Ägypten. Mit diesem kann man ja keinen anderen Strom vergleichen. Von den übrigen aber ist der Borysthenes der ergiebigste, weil er die schönsten und für das Vieh gesündesten Weideflächen bespült. Er hat entschieden die weitaus besten und meisten Fische, führt das angenehmste Trinkwasser, strömt klar neben schmutzigen Gewässern und zeigt die besten Saaten an seinen Ufern. Wo keine bebauten Felder stehen, wächst hohes Gras. An seiner Mündung setzt sich von selbst reichlich Salz ab. Er liefert große Flußfische ohne Gräten zum Einsalzen, die man Antakaier nennt, und hat noch viele andere wunderbare Vorzüge. Bis hinauf ins Land Gerrhos – man braucht dazu vierzig Tagesfahrten – kennt man den Lauf des Borysthenes von Norden her. Durch welche Gebiete er weiter nordwärts fließt, kann niemand sagen ...

Das zunächst von diesen Flüssen! Nun folgt ein fünfter Fluß mit Namen Pantikapes: auch er strömt von Norden her aus einem See. Das Land zwischen ihm und dem Borysthenes bewohnen die Ackerbauskythen. Er durchfließt das Land Hylaia und vereinigt sich danach mit dem Borysthenes.

Der sechste Fluß ist der Hypakris, der aus einem See abfließt, mitten durch das Land der nomadischen Skythen strömt und bei der Stadt Karkinitis mündet. Zu seiner Rechten liegt Hylaia und der sogenannte Lauf des Achilleus.

Der siebente Fluß, der Gerrhos, hat sich vom Borysthenes in der Gegend, bis zu der man diesen kennt, abgezweigt. Er hat sich also von dieser Gegend an getrennt. Seinen Namen hat er mit der Gegend selbst gemeinsam. Auf seinem Lauf zum Meer trennt er das Land der nomadischen Skythen von den Königsskythen und mündet in den Hypakris.

Der achte Fluß endlich ist der Tanais. Er strömt vom Norden her aus einem großen See und mündet in einen noch größeren, den sogenannten Maiotissee, der zwischen dem Land der Königsskythen und der Sauromaten liegt. In den Tanais mündet noch ein anderer Fluß namens Hyrgis.
(4, 51–57)

[Götter und religiöse Bräuche]

Sie verehren nur diese Götter allein: Vor allen Histia, dann Zeus und Ge; Ge ist bei ihnen die Gemahlin des Zeus, ferner noch Apollon, Aphrodite Urania, Herakles und Ares. Alle Skythenstämme verehren diese Götter; die sogenannten Königsskythen opfern auch noch dem Poseidon. Histia heißt auf skythisch Tabiti, Zeus meiner Meinung nach ganz richtig Papaios, Ge heißt Api, Apollon Oitosyros, Aphrodite Urania Argimpasa, Poseidon Thagimasadas. Götterbilder, Altäre und Tempel pflegen sie außer für Ares nicht zu errichten; für diesen allerdings sind solche gebräuchlich.

Die Art des Opfers ist bei allen Stämmen und allen Festen die gleiche; sie läuft folgendermaßen ab: Das Opfertier steht mit gefesselten Vorderfüßen da. Der Opferpriester steht hinter dem Tier, zieht an dem Ende eines Strickes und bringt es so zu Fall. Wenn das Opfer stürzt, ruft er den Gott an, dem das Opfer gilt. Dann wirft er dem Opfertier schnell eine Schlinge um den Hals, steckt einen Stock hinein und erwürgt es, indem er den Stock dreht. Dabei wird kein Feuer angezündet, keine Weihe oder Spende vorgenommen. Wenn er das Tier erdrosselt und abgehäutet hat, macht er sich ans Kochen…

Auf diese Weise und mit solchen Tieren bringen also die Skythen den anderen Göttern ihre Opfer dar. Bei Ares aber verhalten sie sich wie folgt: In jedem Gau von den Regierungsbezirken ist ihm ein Heiligtum errichtet in Gestalt eines großen Haufens von Reisigbündeln, etwa drei Stadien lang und breit, doch nicht so hoch. Obenauf befindet sich eine viereckige ebene Fläche. Drei Seiten sind steil, an einer gibt es eine ersteigbare Stelle. Jedes Jahr häufen sie 150 Wagen Reisig dazu; durch die Witterung sinkt nämlich der Haufen zusammen. Auf dieser Masse steht in den einzelnen Gauen aufrecht ein altes eisernes Schwert, das Sinnbild des Ares. Diesem Schwert bringen sie jährlich Opfer an Kleinvieh und Pferden. Diese Gaben sind sogar um folgendes noch reichlicher als die für die anderen Götter: Von allen Kriegesgefangenen opfern sie je einen Mann auf hundert, nicht so wie das Vieh, sondern auf andere Weise. Sie gießen Wein über das Haupt des Opfers und schlachten es über einem Gefäß. Dieses tragen sie dann auf den Reisigberg und gießen das Blut über das Schwert. Während sie das Blut hinauftragen, schneidet man unten neben dem Heiligtum den geopferten Menschen sämtlich die rechten Schultern mit dem rechten Arm ab und wirft sie hoch in die Luft. Sind auch die anderen Opfer vollbracht, entfernt man sich. Der Arm bleibt liegen, wohin er fällt, getrennt von ihm die Leiche.
(4, 59–62)

Im Krieg haben sie folgende Sitten: Jeder Skythe trinkt vom Blut seines ersten erlegten Feindes. Die Köpfe aller, die er im Kampf tötet, bringt er dem König. Wenn er einen Kopf abliefert, erhält er einen Beuteanteil, sonst nicht. Sie ziehen den Köpfen die Haut ab, indem sie rings um die Ohren einen Einschnitt machen, dann die Haare fassen und den Kopf herausschütteln. Nachdem sie das Fleisch mit einer Rinderrippe abgekratzt haben, gerben sie die Haut mit den Händen. Wenn sie weich geknetet ist, gebrauchen sie sie als Handtuch. Der Reiter knüpft die Haut an die Zügel seines Reitpferdes und prahlt damit. Wer nämlich die meisten Handtücher aus Menschenhaut aufweist, gilt als der Tapferste…

Solche Bräuche haben sie. Aus den Schädeln selbst aber – nicht von allen Erschlagenen, sondern nur von den grimmigsten Feinden – machen sie Trinkschalen. Alles unterhalb der Augenbrauen wird abgesägt und der Schädel gereinigt. Ein Armer spannt dann außen nur Rindsleder herum, der Reiche aber läßt zum Rindslederüberzug hinzu das Innere des Schädels vergolden und trinkt daraus.
(4, 64–65)

Einmal in jedem Jahr läßt der Häuptling jedes Gaues in seinem Bereich einen Mischkrug voll Wein bereiten und alle Männer davon trinken, die einen Feind erlegt haben. Wer keinen Gegner beseitigt hat, darf nicht mittrinken und sitzt ohne Ehren abseits. Das ist die größte Schande für die Skythen. Alle aber, die recht viele Feinde erschlagen konnten, bekommen sogar zwei Becher und trinken aus beiden zugleich.
(4, 66)

[BLUTSBRÜDERSCHAFT]

Jeden Treuebund schließen die Skythen auf folgende Weise: Sie gießen Wein in einen großen Tonbecher; dann mischen sie das Blut derer darunter, die den Bund schließen wollen, indem sie sie mit einem Pfriemen stechen oder mit dem Dolch einen kleinen Schnitt in den Körper machen. Dann tauchen sie Schwert, Pfeile, Streitaxt und Wurfspieß in den Becher, sagen lange Verwünschungsformeln und trinken von dem Trank. Dies tun alle, die den Bund schließen, und auch die angesehensten Männer aus dem Gefolge.
(4, 70)

[KÖNIGSBEGRÄBNIS]

Die Gräber der Könige befinden sich in der Landschaft Gerrhos an der Stelle, wo man den Borysthenes gerade noch befahren kann. Nach dem Tod eines Königs heben sie dort eine große viereckige Grube aus. Sodann legt man die Leiche auf einen Wagen. Der Leib ist vorher mit Wachs überzogen, der Bauch geöffnet und gereinigt und mit gestoßenem Safran und Räucherwerk, Eppich- und Dillsamen gefüllt und wieder zugenäht worden. Die Leiche wird dann zu einem anderen Volk gefahren.

Der Stamm, der den überbrachten Leichnam aufnimmt, tut dasselbe wie die Königsskythen. Jeder schneidet ein Stück von seinem Ohr ab, schert seine Haare, macht einen Schnitt rund um den Oberarm, ritzt sich Stirn und Nase auf und stößt sich Pfeile durch die linke Hand. Dann fährt man die Leiche des Königs zum nächsten Stamm, über den sie herrschen. Die, die ihn vorher übernommen haben, begleiten den Toten. Nachdem alle anderen Stämme mit der Leiche durchwandert sind, gelangen sie zu den Gerrhern, dem fernsten Stamm ihres Machtbereichs, und zu den Gräbern.

Sie betten die Leiche im Grab auf ein Lager von Laub, stoßen ihre Lanzen zu beiden Seiten in die Erde, legen Stangen darüber und bilden ein Dach aus Weidenflechtwerk. Im übrigen leeren Raum des Grabes erwürgen sie eine Nebenfrau des Königs und begraben sie, ebenso den Weinschenk, Koch, Stallmeister, Diener, Nachrichtenbringer, Pferde, ferner die Erstlinge alles anderen Viehes und goldene Schalen: Silber und Erz verwenden sie nicht. Darauf türmen sie einen hohen Grabhügel auf, und im Wetteifer versuchen sie, ihn so hoch wie möglich zu machen.

Ein Jahr später tun sie wiederum folgendes: Sie nehmen die besten übrigen Diener des Königs, die noch leben. – Es sind eingeborene Skythen. Jeder, den der König beruft, wird sein Diener. Gekaufte Diener gibt es bei ihnen nicht. – Von diesen Dienern erdrosseln sie fünfzig, ebenso auch die fünfzig schönsten Pferde; sie nehmen die Eingeweide heraus, reinigen die Bauchhöhle, füllen sie mit Spreu und nähen sie wieder zu. Dann wird die Hälfte eines Radreifens an zwei Stangen befestigt, mit der Rundung nach unten, und die andere Hälfte des Rades an zwei anderen Stangen. Auf diese Weise errichten sie eine ganze Anzahl von Gestellen. Auf je zwei davon wird nun ein Pferd gehoben, nachdem durch seinen Leib der Länge nach bis zum Hals eine dicke Stange getrieben wurde. So tragen die vorderen Räder die Schultern der Pferde, die hinteren halten den Bauch an den Hinterbeinen hoch. Vorder- und Hinterschenkel schweben in der Luft. Sie legen den Pferden auch Zügel und Zaumzeug an, ziehen den Zaum nach vorn und binden ihn an einen Pflock. Die fünfzig erwürgten jungen Männer aber verteilen sie dann auf die Pferde; und zwar setzen sie sie so darauf: Wenn sie die Leichen senkrecht längs des Rückgrats mit einer Stange bis zum Nacken durchbohrt haben, dann ragt unten ein Stück von diesem Holz hervor, das sie in einem Bohrloch an jener Stange befestigen, die durch das Pferd geht. Solche Reiter stellen sie im Kreis um das Grab, und dann ziehen sie wieder ab.

So begraben sie ihre Könige. Wenn ein anderer Skythe stirbt, legen ihn seine nächsten Angehörigen auf einen Wagen und fahren ihn bei ihren Freunden umher. Jeder empfängt und bewirtet das Gefolge des Toten und setzt auch der Leiche von allen Speisen vor wie den anderen. So werden die Leute aus dem Volk vierzig Tage umhergefahren und dann begraben.
(4, 71–73)

[HYGIENE]

Nach der Bestattung reinigen sich die Skythen. Sie salben ihren Kopf und waschen ihn wieder ab, dann reinigen sie den Körper, nachdem sie folgende Vorbereitungen getroffen haben: Sie lehnen drei Stangen aneinander, breiten Filzdecken darüber und ziehen diese möglichst fest zusammen. Dann stellen sie ein Becken mitten zwischen die Stangen und Filzdecken und werfen glühende Steine hinein.

Im Skythenland wächst auch Hanf … Die Samenkörner dieses Hanfes nehmen die Skythen, kriechen damit unter die Filzdecken und legen sie auf jene glühenden Steine. Diese fangen an zu rauchen und erzeugen einen so starken Dampf, daß wohl kein griechisches Schwitzbad dieses Dampfbad übertrifft. Die Skythen freuen sich über das Schwitzbad und heulen vor Lust. Das sind ihre Bäder. Im Wasser baden sie überhaupt nicht.
(4, 74–75)

Ihre Frauen zerreiben auf einem rauhen Stein Zypressen-, Zedern- und Weihrauchholz, gießen Wasser darüber und bestreichen mit dem dickflüssigen Brei den ganzen Körper und das Gesicht. Das verleiht ihnen einerseits Wohlgeruch; andererseits sind sie, wenn sie am folgenden Tage diese Schicht abschaben, rein und glänzend.
(4, 75)

Die Spartaner selbst meinen, an der Krankheit des Kleomenes sei überhaupt keine Gottheit schuld; er habe durch seinen Umgang mit Skythen sich angewöhnt, ungemischten Wein zu trinken, und sei dadurch wahnsinnig geworden. Als nämlich Dareios ins Skythenland eingebrochen war, sollten die nomadischen Skythen an ihm Rache nehmen. Sie schickten ihn nach Sparta und schlossen mit den Spartanern ein Bündnis … Dabei habe Kleomenes, so erzählt man, allzuviel mit den Skythen, die deswegen nach Sparta kamen, verkehrt und sich dabei das Trinken ungemischten Weines, mehr als gut war, von ihnen angewöhnt. Die Spartiaten glauben, das habe ihn zum Wahnsinn gebracht. Seit dieser Zeit sagen sie, wie sie selbst erzählen, wenn sie den Wein einmal kräftig trinken wollen: „Reich ihn auf skythische Art!"
(6, 84)

[LAGE UND AUSDEHNUNG DES SKYTHENLANDES]

Dort, wo sich in Thrakien eine Meeresbucht bildet, schließt sich das Skythenland an. Dorthin fließt auch der Istros mit der Mündung nach Südosten. Jetzt will ich die Küste des Skythenlandes vom Istros an schildern zur Beschreibung ihrer Länge. Vom Istros ab südwärts liegt nun dieses eigentliche Skythenland nach Mittag und Süden bis zu einer Stadt Karkinitis. Weiter an dem gleichen Meer entlang folgt der Stamm der Taurer bis zu der sogenannten rauhen Chersones. Hier ist das Land gebirgig und springt ins Meer vor. Die rauhe Chersones erstreckt sich in das nach Osten liegende Meer. Zu zwei Teilen der Grenzen nämlich ist das Skythenland vom Meer umgeben, im Süden und im Osten, ähnlich wie Attika …
(4, 99)

[FRAUENLEBEN]

Da erwiderten die Amazonen: „Mit euren Frauen können wir nicht zusammenleben; denn wir haben nicht die gleichen Sitten wie sie. Wir schießen mit Pfeilen und Speeren und leben auf dem Pferd; Frauenarbeit haben wir nicht gelernt. Eure Frauen hingegen tun nichts von dem, was wir aufzählten, sondern leisten Frauenarbeit, bleiben auf dem Wagen, gehen weder auf die Jagd noch anderswohin. Wir werden uns also kaum mit ihnen vertragen können. Wenn ihr uns aber zur Ehe haben und rechtliche Männer sein wollt, dann geht zu euren Eltern und holt euch euer Erbe! Dann werden wir losziehen und für uns allein leben."
(4, 115)

„Bei ihrer Verheiratung besteht folgende Sitte: Nicht eher darf eine Jungfrau heiraten, bevor sie nicht einen Feind getötet hat. Manche werden alt und sterben, ohne sich zu vermählen, weil sie das Gesetz nicht erfüllen konnten."
(4, 117)

Die Textauswahl ist dem Katalog „Gold der Skythen aus der Leningrader Eremitage" zur Ausstellung der Staatlichen Antikensammlungen am Königsplatz in München 1984 entnommen. Sie folgt – mit Streichungen und kleinen Änderungen – der Übersetzung der Ausgabe des Heimeran Verlags München: Herodot, *Historien*, hrsg. von Josef Feix, 3. Aufl. 1983.

PHOTONACHWEIS
Tafelabbildungen: alle Photographien von Vladimir Terebenin, St. Petersburg, außer S. 31 u. S. 109: DAI, Berlin
Textabbildungen 1–14: DAI, Berlin

Der Abdruck der Karte auf S. 138 und der Herodot-Texte auf S. 139–143 erfolgt mit freundlicher Genehmigung der Staatlichen Antikensammlungen und Glyptothek, München.

GRAPHISCHE GESTALTUNG:
Schirmer/Mosel Atelier

LITHOGRAPHIE:
Bayermedia, München

SATZ:
Fotosatz Huber, Germering

DRUCK UND BINDUNG:
Amilcare Pizzi, Mailand

ISBN 3-8296-0260-X / 978-3-8296-0260-0

Eine Schirmer/Mosel Produktion
www.schirmer-mosel.com